名师名校名校长

凝聚名师共识
囿志名师关怀
打造名师品牌
培育名师群体

融合式小学
青花线描初探

符秋虹 著

中国出版集团　现代出版社

图书在版编目（CIP）数据

融合式小学青花线描初探 / 符秋虹著. — 北京：
现代出版社，2022.2

ISBN 978-7-5143-9701-7

Ⅰ.①融… Ⅱ.①符… Ⅲ.①美术课—教学研究—小
学 Ⅳ.①G623.752

中国版本图书馆CIP数据核字（2022）第030091号

融合式小学青花线描初探

作　　者	符秋虹	
责任编辑	袁　涛	
出版发行	现代出版社	
地　　址	北京市安定门外安华里504号	
邮政编码	100011	
电　　话	010-64267325　64245264	
网　　址	www.1980xd.com	
印　　制	北京政采印刷服务有限公司	
开　　本	710mm×1000mm　1/16	
印　　张	9.5	
字　　数	152千字	
版　　次	2022年2月第1版　　2022年2月第1次印刷	
书　　号	ISBN 978-7-5143-9701-7	
定　　价	58.00元	

目 录
CONTENTS

第四章　青花线描画的探索与推广

第五章　开展探究式青花线描教学

第六章　青花线描与国画的融合探究

第七章　青花线描与泥塑的融合探究

第八章　青花线描与版画的融合探究

第一章

青花瓷的历史与发展

中国传统陶瓷艺术是广大劳动人民在长期的实践活动中哲学思考和技术创新的表现，蕴含着浓厚的人文气息和巨大的艺术潜力，反映了劳动人民不断变化的生活方式和精神追求。古瓷尚青，窑器以青为贵，青色色调安定宁静；青花装饰于白瓷，更显示出明艳淡雅；青花艳而不俗、鲜而不佻，深得世人青睐。对于小学美术教学来说，如何在一堂课中让学生了解传世千年的中华瑰宝——青花瓷艺术，是个难题。笔者尝试从历史地位、艺术价值、概念界定、器型纹饰等几个角度，引导学生带着问题探讨青花瓷艺术。中国的陶瓷艺术历史悠久，种类繁多，在欧洲乃至全世界都有着深远的影响。其中尤以青花瓷的成就最高，影响最为深远，可谓是"独领风骚数百年"。青花瓷产生于唐代，兴盛于元代，元代青花风格大器豪迈，打破了唐宋含蓄内敛的风格，正是因为元代青花的大气豪迈气概和艺术原创精神，将青花瓷艺术推向了中国瓷器的顶端，为后世青花瓷的发展奠定了基础。

一、青花瓷的地位和影响

（一）青花瓷的艺术魅力

中国的青花瓷器是历史上较早的外销品之一，影响了很多国家的民众生活和文化艺术的发展。如亚洲的朝鲜和日本是最早学习与模仿元明青花瓷的国家；埃及和伊斯兰国家都将青花瓷作为最珍贵的器物使用及收藏；在18世纪的欧洲，青花瓷已成为宫廷和上流社会家庭流行的收藏艺术品。青花瓷美丽的蓝白色调和纹样装饰风格也成为西方国家所热衷追逐的"中国趣味"。

（二）青花瓷在中国工艺美术中的地位和价值

青花瓷自被创烧以来，经历了唐、元、明、清时代，始终保持与社会政治、经济、文化发展趋势相适应，具有鲜明的时代气息。2005年7月12日，在英国伦敦佳士得举行的中国陶瓷工艺精品拍卖会上，一件元代"鬼谷子下山"青花罐，以高达2.3亿元人民币的价格，夺得当时中国艺术品拍卖的最高价，由此不难看出青花瓷所具有的历史、文化地位及经济价值。它作为中华民族的瑰宝，集中反映了中华民族的精神诉求，是民族精神的体现。

二、青花瓷的界定及其发展历程

（一）青花瓷的界定

青花瓷是釉下彩的一种。它以含氧化钴的钴料在未上釉的素胎上着色、绘画，然后施以透明釉，在1300℃的高温下一次烧成。胎质细腻，釉质滋润。釉下钴料在高温烧成后，幽青翠绿的青花和莹润如玉的釉面形成强烈的对比，温润素雅，清新脱俗，具有中国传统水墨画的效果，给人以宁静、舒美又深沉、宽广的视觉享受。

（二）青花瓷的发展历程

1. 唐

青花的出现是在唐代，当时青花瓷又叫蓝花白瓷，其特点如下：一是胎体厚重，质地粗松，略有气泡，色泽泛黄；二是施釉不匀，有流釉现象，釉色开片呈冰裂纹；三是钴料发色呈现蓝色或蓝中含紫，晕散，有黑色结晶点；四是常见纹饰向线描图案转化。

2. 宋元

宋代是青花瓷的过渡时期，生产透明釉下青花。当时的青花瓷未能盛行，不是技术限制，而是与宋人崇尚素洁的审美不符。相比之下，元代的青花瓷器开始成熟，其胎体通常较为厚重，色彩艳丽，构图繁复，装饰纹样以龙凤、鸳鸯荷鹭、鱼藻、缠枝花卉、山水洞石、人物典故为主，很多器物画有八宝、莲花、海马和大云纹饰，画面内容丰富、笔法传神。元青花外形秀丽，古朴正拙，既有大罐、大盘、大碗等恢宏的大器，也有精密灵活、胎体轻薄的高足碗、高足杯、匜、盘等小器。元青花瓷画线条勾、皴、点、染，用笔生动，苍劲有力，呈现出与中国水墨画相媲美的艺术效果，彰显出元代陶瓷工匠高超的艺术技巧。

3. 明清

明代是青花瓷烧制的顶峰时期，彼时的青花瓷被世传为追仿的模范。其中，最著名的是永乐、宣德和成化、嘉靖及万历年间官窑烧制的青花瓷，以胎釉精密、色泽素雅、器型多样、纹饰丰富而闻名。到了清代，青花瓷的制造技艺又创新高。在纹饰方面，生活气息浓郁、形式多种多样；在瓷坯胎上绘画，虽能如中国画"墨分五色"、深浅浓淡同理达到"料分五色"之工，但绘画工艺过分拘谨、刻板。清后期，终因刻意模仿前朝而难有更大的艺术创新。可以说，青花瓷从唐至清终于发展为大成，是中国乃至世界陶瓷艺术的一朵奇葩。

三、青花瓷的器型及纹饰特征

各时代的青花瓷造型特征略有区别，总体来说，一般分为罐、碗、瓶、壶、盒等，器型分为梅瓶、天球瓶、抱月瓶、葫芦瓶、筒形瓶、凤尾瓶、蒜头瓶、玉壶春瓶等。其装饰纹样的题材分为：植物纹饰有牡丹纹、荷莲纹、菊花纹、松竹梅纹、葡萄、西瓜、南瓜、鸡冠花、芭蕉、水草、柳树纹等；动物纹饰有龙纹、凤纹、鱼纹、麒麟纹、孔雀纹、鸳鸯鹭鸶纹等；人物题材纹饰有"王昭君故事""萧何月下追韩信""三顾茅庐""陶渊明访友"等。装饰纹样的象征意义：青花瓷纹饰题材大都表达吉祥之意，代表着人们心中的美好心愿，通过象征、比拟、谐音等手法表达富贵吉祥的寓意。

青花瓷装饰中离不开中国画技法的运用。笔、墨、纸、砚是传统中国画的绘画工具，又称文房四宝，画家用它来表达自己的绘画思想和艺术精神，而青花瓷画所用工具也是毛笔调取青花料在素胎上绘制纹样。由此可见，二者的技法基本无二。

国画构图留白讲究"疏能跑马、密不透风"，而青花瓷画一样讲究"水路均匀"，通过浓淡、深浅、疏密、虚实达到如国画般和谐的艺术效果。在技法上，明代有"分水法"，清代有"料分五色"。正是拥有中国画的艺术精神，才使青花瓷在拥有瓷器变化多端的外形的同时，也拥有精美繁复的图案纹样。二者结合，创造出青花瓷无与伦比的艺术成就。

第二章

生活里的触动与思考

　　青花瓷是我国传统瓷器中的一种主要图样，原始青花瓷于唐宋已见端倪，成熟的青花瓷出现在元代，明代青花瓷为瓷器的主流。这种美丽的配色与图案深受孩子们的喜爱。青花瓷在线描的基础上融合了许多特色纹样，如鱼鳞纹、如意纹、门纹等，为孩子的创作增添了不少元素，也丰富了画面。

　　"新教育实验"由朱永新教授提出。他认为，教育本身就是生活，教育就是生活的方式，是行动的方式，教育在作为促进美好生活的手段的同时，本身就应该是幸福的生活，是存在的目的。青花瓷是我国艺术的瑰宝，是从古流传至今的财富，那么怎样把传统文化巧妙地融合到美术课堂呢？

　　在里斯本召开的联合国教科文组织全球艺术教育大会的《艺术教育宣言》中指出："创造力是人类凌驾万物的关键。"而创意青花线描课程首倡就是对学生创造力的培养。让学生随意发挥，鼓励学生大胆运用各种材料和丰富色彩，激发学生的创新思维和创作热情。我们应当引导学生改变单一的、线性的思考模式，灵活运用多样化的课堂体验，让学生以多元的、网状的思考模式理解与学习美术。我们的创意青花线描课将积极贯穿落实"学科打通"概念，因材施教地整合教学内容，创造性地使用教材和新颖的教学方法，通过构建选材创意、指导创意、体验创意、评价创意四个教学板块，以学生喜欢的方式进行"创意课堂"教学。在废旧的瓶子上画"青花瓶"、在纸上画"青花画"、在伞上画"青花伞"、在蛋糕盘上画"青花盘"、在扇子上画"青花扇"等，在一系列活动中感受与众不同的快乐。我们整合教学内容，选取趣味性强、动手面广并富有意义的青花作为线描课程的主题，先把青花和现代的装饰画"打通"，再把青花线描与各种材料、表现形式"打通"，最后把青花线描课堂与其他课堂"打通"——把一种知识和其他知识"打通"，把课堂知识和生活实践"打通"，旨在让美术学科与其他学科走向无痕融合。

我们画的内容主要为校园内的客观事物，所以将广义的文化及广义的校园文化释义作为本研究的基本出发点。校园是育人的场所，存在于校园的文化景观应该是一种特殊的文化景观。它主要存在于校园外部环境空间中，能够反映学校所在地的地理特性、人文历史、精神风貌等，能够反映学校的办学历史、学科特色等，具有教育功能，能使学生领会它所提供的信息。学生在解读的过程中，通过自身的理解，结合一定时期的历史、文化背景，自觉地影响学生的情感态度和价值观。校园内的文化景观，给人的不仅仅是感官上的美感，更是精神上的享受和文化的思索，具体包括建筑、水景、植物、校园雕塑、铺装、设施等。

画画的题材主要来源于学生生活，在尊重学生主体和重视学生心理机能，如感知、情感、兴趣、动机、形象思维、联想和想象、有意注意和无意注意等的基础上，引导和帮助学生书写描绘，是最能体现学生个体的兴趣、爱好、需要、愿望和最能反映学生独特的性格特征的一种最有效的形式内容。我们主要从以下三点将青花线描引入美术课堂。

一、学习青花线描画与融合中国传统文化，培养学生的创意能力

在美术教学中特别注重为学生营造动态的、开放的、无拘无束的学习氛围，能够使学生把学到的美术知识逐渐变成自己的"血肉"。青花线描配方课程共有"团团青花盘、亭亭青花伞、翩翩青花扇、袅袅青花瓶、楚楚青花画"五大模块，若能在课堂学习中巧妙地将特色的传统美术与线描结合起来又能吸引学生，那就是锦上添花、两全其美的事情了。

为了让学生进一步了解我国传统青花瓷的艺术特色，我们发动家长共同收集生活中的青花瓷盘或青花瓷图片、画册等相关宣传资料，在收集的过程中让学生感受到青花瓷的色调美和纹样美，同时也能由此丰富学生的一些中国传统装饰纹样的简单知识。在前期收集与整理的基础上，我们随后组织开

展了一系列的美术欣赏青花瓷盘，并和学生一起讨论在盘子上还能画什么、怎么画。我和学生一起发现元青花瓷盘上的纹饰题材有主题纹饰和辅助纹饰两种。主题纹饰常选择牡丹花纹、莲花纹、菊花纹等植物类花纹；动物类有龙纹、凤纹、麒麟纹、鱼藻纹、鸳鸯卧莲纹等；元青花中的人物纹别出心裁，并与戏剧相结合，将著名历史人物的故事情节移植到瓷器画面上。青花瓷盘上还有很多丰富的纹样，这些多变、寓意深刻的吉祥纹样饱含着人们对美好生活的祝福与祝愿，由此激发学生在欣赏美、感受美的基础上想要绘画创作青花盘的热情与愿望。学生用蓝色的笔随便画几笔都能呈现出一种新的艺术效果，具有极强的感染力，能感受到成功的喜悦。

二、学习青花线描与融合生活实践，培养学生的创意能力

我们的创意青花线描课程，以主题活动的多样化开展美术的游戏课堂。创意青花线描课程如同一道彩虹，给学生带来了缤纷的色彩，让他们感受到艺术世界的绚烂。把课堂转变成学生展示自己的舞台，让学生"忙起来"，体验到创作的激动与快乐，感受到创作艺术品时"小小艺术家"的成就感——"超越自己，创造不平凡"。在课堂学习中，擦亮学生发现美的眼睛，让他们用稚嫩的小手创造美，用纯洁的心灵享受美，青花线描配方课程放飞学生的想象力，让他们的想象力在蓝天遨游。

作为一线教师，对于我们来说课堂是生命，如何才能真正落实青花线描与生活实践融合，难度是很大的。当前中国的课堂好比老鹰、鸭子、兔子三种不同特点的动物同处一室，教师要求三种动物必须都会游泳，而忽视了老鹰擅长的是飞行、兔子擅长的是奔跑。用一个规格和标准来培养不同的学生，这是教学中的最大问题。我们不能像以前那样，在黑板上画一个苹果，多少个学生就画多少个苹果，而且跟老师画的一模一样。例如，岭南版四年级"设计未来的自行车"一课，根据学生的个体差异分出好、中、差三个级别，教师先引导怎样画、怎样思考，再分小组讨论，小组长把讨论的结果跟全班同学分享，最后操作有胶泥组、绘画组、制作组，充分调动学生学习的积极主动性。在传统教学中以教师的教为主，忽视学生的学，把教学过程双主体交互作用的活动变成教师向学生单向地传递知识的过程。在这种状况下，学生处于被动地适应教师教学，接受现成的知识，体会不到参与之乐、

思维之趣、成功之悦。因此在美术教学中，我很重视对不同层次学生设置不同的任务。比如，刚刚参加线描班的学生，我会安排一些简单的画青花盘的任务，引导他们设计出各种各样的青花盘，其实也就是简单的线条练习，学生很快获得成功感，画出各式各样的青花盘，及时捕捉他们的闪光点；画得时间比较久的学生，我让他们选择一些高难度的挑战，如在扇子、伞上自主设计自己喜欢的图案。当然，我也会引导学生画身边有趣的事。我们学校会开展每月一节，如"健美节、秀秀节、科技节、踏青节"等，学生把这些活动中发生的有趣的事画在盘子上、扇子上。有些学生画不好，但是又喜欢美术，我会让这部分同学做一些手工，在其他学生画好的基础上进行加工点缀，学生也很有成就感。细细一想，这不就是合作吗？这些学生往往对美术怀有强烈的渴望和兴趣，我引导学生把学习美术内化为自我的需要，积极地参与美术活动，快乐地学习美术，自觉地接受美术的熏陶，从而领悟美术的魅力。

从中我认识到要开拓学生的思维，提高学生的创造力，创新能力非常重要，而且教师不用为纪律、为学生不听课而烦恼了，不管是美术特长生还是潜力生，都很投入自己的学习之中。

三、学习青花线描与融合多样的材料和表现方法，培养学生的创意能力

青花线描的色彩很单一，白底蓝线。为了表现青花的独特之美，若用普通的蓝色油性笔画，刚刚画出来非常漂亮，但是当作品裱起来挂墙展示没多久，画就会褪色，不像用颜料画的画能永远保留艳丽的色彩，观赏性大打折扣。这个问题一直困扰着我和学生们。我和学生一起讨论怎样才能不让我们的作品褪色。我突然想起著名的法国画家马蒂斯，其辉煌装饰趣味的现代艺术作品受到世界公认。受他的启发，后现代的不少艺术家以综合材料的形式创作出很多作品。我借鉴了这种方法，让学生先画好青花盘，然后在上面用各种金属亮片有序地点缀。纸材料与金属材料的装饰表现、色彩格局都有截然不同的节奏之美。这种大胆采用装饰性材料，并对图案与装饰秩序的大胆肯定，是综合材料装饰艺术表现的基本所在。我们没有任何固定模板参照，我和学生完全按照自己的意愿及感觉进行装饰，我们的作品就像一件件美丽

的艺术品。

通过课程实践，我深深感受到，创意不只是在形式上提倡，更需要具体的方法。课堂上，我们通过欣赏、思考、发现、探究，感受青花线描古朴典雅的艺术气质，创造出独具特色的简约之美。我们以线描装饰绘画的表现手法，引导学生大胆地在白色纸盘上装饰青花图案，绘制具有民间工艺特色的青花盘，从而感受青花盘独具特色的简约之美。系列的主题活动如青花伞、青花瓶、青花扇等，激发了学生对中国传统民间艺术的热爱，增强了学生的民族自豪感，提升了学生的审美情趣。我们认为，有效的教学活动始终要让学生有一种期待，一种耳目一新的感觉，一种无法抗拒的吸引力。美术有效课堂教学呼唤创新精神的课，只有通过不断学习、实践、反思、再实践、再反思，才能掌握教学这门艺术的真谛。

第三章

构建青花线描与融合探究式的教育学科体系

在青花特色课程的建设过程中，以"青花"作为研究母体，我在美术教学中进行了长期探索，带着学生创作出以"青花"作为表现形式的各种作品，处处体现学生的天真、拙趣，和经典传统的青花形成对比，成为古老青花艺术的另一种延伸，为核心素养的培养提供了养分。建构主义由皮亚杰提出，是认识学习理论的一个重要分支。建构主义者认为，知识不是通过教师传授获得的，而是学习者在一定的情境即社会文化背景下，借助其他人的帮助，利用必要的学习资料，通过意义建构的方式获得的。利用校园环境中的文化载体，对学生进行文化熏陶，既能够让学生在情境中感受大自然与人文交融的奇妙，又能够激发他们寻找资料、表达思想的欲望。

新基础教育理论由叶澜教授提出。她认为教学过程是使学生努力学会不断从不同方面丰富自己的经验世界，努力学会实现个人的经验世界与社会共有的精神财富具有个性化和创生性的占有，充分发挥人类创造的文化、科学对学生"主动、健康发展"的教育价值。学生在阅读学校环境的同时，也在分享文化符号，领受世界文化的博大精深，将个人经验与社会经验相结合的过程。

一、课程研究的背景

课程是学校最重要的资源，也是学校的核心竞争力。我们应当立足实际，着眼未来，设计满足学生自身发展需要、充分落实学校培养目标的课程。

进入21世纪，课程整合（学科打通）的理念已经成为教育界的共识，各国开始探索实践层面的新进展。欧美作为课程整合理论的起始地，在实践的探索中也取得了丰硕的成果。美国促进科学协会组织实施的《2061计划》打破了旧有的学科框架，重新从文化中选择课程内容，实现课程内容的整合，进而从根本上解决知识分裂的问题。法国为打破学科分隔而开设了"研究性学习"课程，帮助学生在一般概念、各个学科、周围环境之间建立联系，加强学科知识内容的整合。德国围绕儿童的环境通过"事实教学"的方法，整合初等教育的教学内容，整合范围涉及自然、社会以及家政、交通安全教育等广泛领域。

亚洲一些国家也逐渐开始对课程整合的实践探索。韩国改革了小学一、二年级的课程，将语言、道德和社会科学知识整合为现实生活课，将自然科学的有关知识整合为探究生活课，将音乐、体育、美术整合为快乐生活课，其目的是使教学与学生的生活结合，减轻儿童的学习负担。日本在新课程体系中专设综合学习时间，目的是"追求跨学科的、综合性的学习"等。

美术与其他学科间的互相渗透和融合是现代课程改革的发展趋势。作为美术教师，我们在教学中要能打破美术与各学科之间的壁垒，突破学科的界限，整合学生的知识，把美术与相关学科有机地结合起来。这样不仅有利于激发学生的学习兴趣，提高美术课堂教学的效果，还有利于学生综合思维与综合研究能力的培养，学科之间也能更多地相互配合，增进了解，形成教学合力，真正做到教学相长。

实践证明，美术与其他学科之间有着密切的联系。美术活动不仅是一种自我表达、自我娱乐的形式，而且是解决学科之间知识整合的最好方式。反之，其他学科的内容也是艺术创作的丰富源泉，通过艺术与其他学科的整合，常常会带来意想不到的发现。

美术课程标准中指出，要发展学生的感知力和形象思维能力，促进学生的个性形成和全面发展。线描画一能培养学生的观察、创造及表现能力；二能培养其作画的耐心和毅力，磨炼学生的意志。通过线描画的教学，学生的综合能力必将得到提高。

在小学教育中，进行线描画教学是小学低年级美术教学的重要要求之一，是发展学生眼和手的最好训练方法。线描画对启发儿童智慧、培养学习能力和习惯有很好的作用，学习线描画对儿童的语文学习很有帮助。记生字时，他们对字的形状与笔画看得准、记得清、写得好，这有赖于画画时锻炼的观察力、记忆力、描写能力。写作文时描写得具体生动、细致深入、层次清楚，这也有赖于画画时观察与思维之功。学习线描画时习得的感知力，有助于学生在学习数学学科中对事物多少、大小、长短、方圆的感知与理解。学生通过线描画的学习，缩短了生活与美的距离，最终达到懂得美、发现美、欣赏美和表现美的审美素质。

二、研究的意义

在日常生活中，学生会把一条很普通的曲线说成"笑眯眯的眼睛"，还会把一条直线说成"生气的嘴巴"等。线条既是最幼稚的造型语言，所有孩子的第一笔绘画都是由线条来表现的；线条又是最高级的造型语言，德国艺术家保罗克利有名言"用一根线条去散步"，道出了线条的本质在于它的情感意味。马蒂斯曾说："如果线条是诉诸心灵的，色彩是诉诸感觉的，那你就应该先画线条，等到心灵得到磨炼之后，它才能把色彩引向一条合乎理性的道路。"线描画正好不同于学生传统上接受的一些美术技法，它的画面不再是多彩颜色的堆砌，黑白是线描画永恒的主题，它呈现的是利落、丰富的线条变化和疏密花纹的交错组合，以及视觉上产生的层次感、立体感。

线描画作为美术活动的一种，有其独特的美感。儿童线描的造型特点具有游戏性、随意性、象征性和装饰性。用具象与抽象结合、装饰与构成结合，通过线形的排列组合对学生进行美的感性训练，使他们掌握线描的基本功。在绘画中，线条不仅可以用来勾勒出客观事物的形体，表现客观事物的运动，而且也是作者用来表现他对客观事物的感受、审美情感和艺术个性的手段，蕴含着作者的思想感情，是心灵的体现，是音乐的旋律。通过线描画的教学，进一步培养学生的写生能力，培养学生的想象力、创造力、观察表现力，促使学生主动学习、积极参与，营造民主、平等的美术学习氛围，让学生充分展现才华，获得成功的喜悦。

通过前期对于美术课堂的观察研究，我们发现了创意青花线描课程从理论到实践的价值所在。我们认为这是一种进行课堂教学研究的新视角，能有效地激发学生学习美术的兴趣，增强对社会美、文学美、自然美、音乐美的体验与感悟。我们设想将创意青花线描课程转变为学校的常规校本研修，使美术与各学科之间有更多的相互配合，形成教学合力。美术教师要向综合型教师发展，提升教学质量。

瑞士著名儿童心理学家皮亚杰说过，儿童是个有主动性的人，他们的活动受兴趣和需要支配。一切有效的活动须以某种兴趣做先决条件。现如今，无论是学校教学还是校外美术培训，都重视对学生绘画技法的训练，模仿成人化的造型。这大大限制了学生的发散思维，扼杀了他们的创造性，阻碍了他们情感的表达与发展。

创意线描画是指灵活运用线条的变化来描绘物体的形态及其结构的一种绘画形式。学生运用各种点、线、面及黑、白、灰的随意或有序排列组合，画出自己所思、所知、所感的个性化作品。使用简单的工具，用线进行平面的、意象的、想象的、表现的、装饰性的描绘。创意线描画教学模式旨在避免传统绘画教学模式的弊端，强调对于学生智能的全面发展，应时而生。

在小学美术教学中，线描内容所占的比重越来越大。通过研究发现，线描画不但有利于学生表现自己的情感，而且可以激发学生的绘画潜力，为以后的绘画打下坚实的基础，同时也有利于学生其他智力的开发。线描画是一种带有游戏性质的美术创作活动，是一种特别适合小学生绘画的新形式，无论从线描画面内容本身的点、线、面的视觉表现到线条强弱情感的流露，都包含学生思想、情感的融合。线描是最简便、最直接用于表现形象的绘画手段，贯穿于美术教学的整个过程。开发学生的美术潜能的基础在于线描教学。线描训练课程贯穿于整个小学美术教程，上好线描训练课对培养学生概括、联想、想象等创造性思维有着举足轻重的作用。

我们认为，开发研究能够冲破原有学科界限、打通学科间边缘知识的盲点、实现学科间知识的融合的美术课堂是很有必要和意义的。

综上，我们的课题以学科打通为核心，以提高学生创造力为切入点，以美术线描课作为渠道开发和研究小学生的创意青花线描课程。

我们的创意青花线描课堂教学的核心工作是学科打通，这要求教师在教学中要将教材与学生联系起来，把一位学生同其他学生联系起来，把一种知识和其他知识联系起来，把课堂知识和生活实践联系起来，要善于捕捉学生之间、学生与课堂之间、学校与社会之间的联系等环节，经过教师的打通和整合达到以学生的对话实践为原点的课堂生成，才能使学生进行丰富的学习活动。

三、研究的思路

我们精心开发的创意青花线描课以学科打通为核心，以提高学生创造力为切入点来开展课题的开发研究。主要从以下几个方面进行学科打通。

第一，美术课程与中国传统文化打通。

近年来，越来越多学校加入美术校本课程的开发行列，并且越发重视中国传统文化和美术课堂的融合。然而，因我国传统文化年代久远、内容较多、深奥复杂，美术教材中与传统文化相关的内容分布零散、形式单一，无法吸引学生的注意力。因此，在美术校本课程开发实践过程中，我们不断尝试，广泛收集各种资源，选择青花这一元素有效融合中国传统文化，并在课堂教学中结合传统经典与当代元素，别出心裁地对课程进行设计。

第二，美术线描与其他学科打通（见下图）。

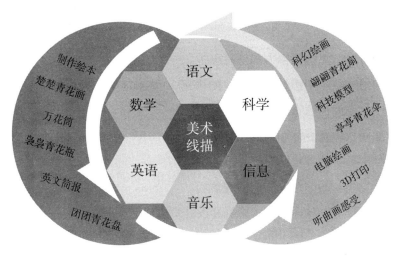

美术线描与其他学科的关系

四、研究的界定

课程整合（学科打通）：从广义上讲，课程整合是指将两种及两种以上的学科融入课程整体中去，改变课程内容和结构，变革整个课程体系，创立综合性课程文化。从狭义上讲，课程整合就是将两种及两种以上学科融合在一堂课中进行教学。

创意美术课程：创意美术课程就是遵循儿童的认知规律和心理特点，因材施教地整合教学内容，通过创造性地使用教材和新颖的教学方法，激发童趣，开发学生丰富的想象潜力，增强学生的创新意识和创作技能。

线描：俗称白描，既是具有独立艺术价值的画种，又是造型基本功的锻炼手段。在小学美术教学中，线描教学是最基本的造型训练方法，可通过线条的粗细、长短、曲直、轻重、穿插等变化来表现曲面的空间层次。

五、研究的达成目标

（1）锻炼学生的线描绘画基础和不同的绘画方法，陶冶学生的情操，提高审美能力，引导学生参与文化的传承与交流，培养学生对点、线、面的感性认识，为今后学生有意识地创作线描打下基础，侧重于技法传授与训练的研究。

（2）初步感受线描装饰画的基本表现形式，学习分析和发现蕴含于装饰画中的规律性、共性的知识，并学习怎样发挥自己的创意去装饰，使学生在学习中轻轻松松地体验到创造美的乐趣，树立对绘画学习的信心，顺利度过绘画困难期。

（3）培养学生的想象力和创意思维。

① 如何在教学中渗透线描文化的研究。

② 小学生如何欣赏线描作品的研究。

③ 如何认识点、线、面的研究。

④ 分割形状的方法研究。

⑤ 点、线、面综合运用的研究。

（4）培养学生对现代艺术思维和设计理念的认识与了解。

六、研究的主要内容

第一阶段（基础性线描）：以传统的线描方法为基础，结合运用多种材料，以锻炼和培养学生的线描基础与想象力为教学思维。

第二阶段（想象性线描）：以想象力的命题打开学生的创意思维，通过丰富多样的材料，加入适当的装饰色彩、设计元素和现代艺术等时代性元素，锻炼和培养学生对线描画规律性的认知与对现代生活美的认识。

第三阶段（创意性线描）：主要锻炼和培养学生的造型能力，而这种能力的培养是经过由设计装饰性向绘画艺术性过渡的一个过程，内容多为青花瓷图案、京剧人物等。

培养学生对点、线、面的感性认识，在技法传授与训练研究的同时注重对学生灵性的培养，尤其是想象力、创造力的培养，为今后学生有意识地创作线描画打下基础。根据相关文献资料、教学实践经验，研究不同阶段"学什么"和"学到什么程度"。按具体任务进行分段，首先认识点、线、面，初步感受；然后在了解的基础上，试着让学生画一画、练一练，可进一步加深理解，激发兴趣；最后在前面认识和掌握点、线、面的基础上，以点、线、面等造型元素对自然物象进行美化，陶冶学生情操，提高审美能力。在此基础上进一步运用添加、重复、分割、变形、想象等装饰手法来描绘物象，体验造型活动的乐趣。通过上课、分析、再上课，探索儿童线描画教学的方法。

通过三个阶段的学习，锻炼学生的线条感觉、写生基础、绘画方法和能力，为帮助学生转入素描的学习打下良好的基础。

"青花之韵"教学案例

课程类型：空间创意课程

开发教师：符秋虹

学习对象：小学五至六年级学生

学习时间：每周2课时

【课程背景】

我们以学科打通为核心，以提高学生创造力为切入点，以美术线描课作为渠道，开发和研究出小学生创意青花线描课程。力图冲破原有学科界限，打通学科间边缘知识的盲点，实现学科间知识融合的美术课堂。

【课程目标】

1. 知识与能力

（1）了解如何通过线条的粗细、长短、曲直、轻重、穿插等变化来表现曲面的空间层次。

（2）了解青花的艺术特点，学会结合现代装饰画，运用各种材料进行青

构建青花线描与融合探究式的教育学科体系

第三章

花线描创作的方法。

2. 过程与方法

（1）通过创意线描画在废旧的瓶子上画"青花瓶"、在纸上画"青花画"、在伞上画"青花伞"、在蛋糕盘上画"青花盘"、在扇子上画"青花扇"等一系列活动，提高学生绘画的积极性，提升绘画水平。

（2）通过青花线描的学习，激发学生的创新思维和创作热情，以多元的、网状的思考模式理解与学习美术。

3. 情感态度与价值观

（1）通过学习，有效地激发学生学习美术的兴趣，增强对社会美、文学美、自然美、音乐美的体验与感悟，融会贯通。

（2）树立热爱艺术、崇尚艺术的科学观和人生观。

【课程内容】

我们的创意青花线描课将积极贯穿落实学科打通概念，因材施教地整合教学内容，创造性地使用教材，运用新颖的教学方法，通过构建选材创意、指导创意、体验创意、评价创意四个教学板块，以学生喜欢的方式进行创意课堂教学。

附："青花之韵"系列课程

课程教学安排如下：

周次	教学内容	年级
1	认识欣赏线描作品	三至六年级
2～4	单个造型练习（青花盘）	三至六年级
5～8	单个造型练习（青花瓶）	三至六年级
9～12	单个造型练习（山水）	三至六年级
13～15	单个造型练习（动物）	三至六年级
16～18	单个造型练习（人物）	三至六年级
19	校园八节	三至六年级
20	《山海经》	三至六年级

上表所示的青花线描系列课程，是我们的创意青花线描课，根据学生年段的不同和知识水平差异安排的相应的教学内容，目标、难度、要求和内容的侧重点逐级增加。

【课程实施】

1. 中国传统文化和美术课堂的融合

在美术配方课程教学中，应不断改变拓展工具材料的新鲜性和独特性，激发学生兴趣。

2. 体验青花线描，其乐无穷

具有明显的效用性，对学生创造能力的培养具有重要的作用，为美术课堂练习注入了新的活水。在一系列活动中调动学生的积极性，对刚刚进入配方课程的学生较侧重联想训练法。

3. 激趣造型，贴近生活

学生有了一定的基础就可以在各种瓶、各种盘、各种扇上自由创作了，并且老师只给主题，如"校园八节""京剧进校园""快乐的我""我和妈妈""我的一家人""心中的宝安"等，学生自由创作，思维得到了扩散，想象力得到了丰富。经多次实践，我发现融音乐性、知识性、趣味性为一体的游戏更能激发学生的激情，以及他们学习美术的兴趣。

4. 引导创新，艺塑童心

让学生在愉悦中不知不觉地掌握所学的知识，使美术教学变得更加生动、有趣，从而使学生对美术产生浓厚的兴趣。线描内容要选择学生所熟悉的，掌握先易后难。根据学生的心理特点，通过线的安排组织来反映物象的空间、结构、质地等，这两个方面的结合代表了线描的整体表现力。

【课程评价】

1. 评价形式

把结果评价和过程评价、定性评价和定量评价结合起来，对学生的学习以"出勤率+课堂表现+美术作品评分"等几个方面的总体情况来进行测评。

2. 评价内容

（1）日常学生评价。

①课堂学习记录：通过学生学习态度、课内表现和反映进行评价。

②平时表现：根据课内学生实际情况进行评价，给出成绩，随机评分。

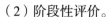

（2）阶段性评价。

①小组评价，评出组内优胜者。

②定期进行学生陶艺制作比赛，展示学生的优秀陶艺作品。

（3）学生期末评价。

①自评部分：20分（自我评价，为自己的作品打分）。

②互评部分：20分（同伴之间互相打分）。

③教师评价部分：30分。

④家长评价部分：30分。

第四章

青花线描画的探索与推广

　　青花瓷艺术历史悠久，风格独特，已经成为中国传统文化的标志之一。千百年来，青花一直仅仅作为陶瓷的装饰方式之一，但是在中国传统文化面临着与现代设计接轨的今天，青花元素早已被成功地广泛运用在生活之中。通过对青花元素在设计领域运用成功案例的研究，从青花瓷作为中国传统元素在现代设计中运用的角度，重新审视青花瓷，将青花瓷转化为"青花瓷"视觉符号，并创造性地运用到现代设计当中，使现代设计拥有了鲜明的历史感和浓厚的民族色彩，展现出"青花瓷"元素特有的价值魅力。

　　我从以下几个方面介绍我的辅导案例"创意青花线描画"。

【教学设计思路】

　　第二课堂在我们学校称为"配方课程"。配方课程的开展，面对的是我们学校的学生，针对学生的特点和基础来开展实施。怎样做才是有效的，不是作秀——是真正站在学生的角度，看看他们会什么、知道什么、喜欢什么、想学什么。设计不能太难，也不能太容易，而且要有意义，最好能融入一些中国传统文化。而蓝白相映、怡然成趣、晶莹明快、美观隽久的青花瓷正符合以上特征，所以我以青花瓷为切入点来开展第二课堂的教学。

　　之所以选择青花瓷，因为青花瓷历来是人们喜爱和追捧的艺术品。明清两代的帝王嫔妃、达官贵人都很喜爱，欧洲人也以拥有青花瓷炫耀自己的富有。据说，15世纪，萨克森国王曾用一支近卫军与邻国君主换取12只青花瓷瓶取悦王后。当今，常有天价拍出和重金收藏青花瓷的消息见诸媒体，这些都足以说明青花瓷是弥足珍贵的艺术品。

而当今活跃在青花瓷创作领域的是一大批精英，可谓人才济济、群英灿烂。他们当中有国家级、省级的工艺美术大师和高级工艺美术师，也有专业院校的教授、副教授、讲师、助教；有众多的陶瓷美术家以及身怀绝技的老艺人、能工巧匠，也有崭露头角的后起之秀。这些人员不仅有深厚的文化素质和绘画功底，而且对陶瓷工艺也有较高的专业造诣，他们在继承前人优秀传统的基础上，运用新的审美意蕴、新的创作理念和新的科技成果，努力克服工艺条件对创造力的限制，创造出了许多瑰奇高雅、风格各异的青花瓷艺术珍品，把青花瓷的艺术创作推到了一个新的高度，实现了艺术表现的纯粹性和创造性的有机统一。

【教学过程及分析】

1. 什么是线描画

用线条的变化来描绘物体的形态及结构绘画的形式，称为线描画。

学生在线描画的学习过程中，掌握观察能力是对万事万物了解的前提，基于视觉为首要培养学生的感官能力。通过写生这一教学方式，对学生的创作兴趣加以激发，同时培养学生的线描画创作及情感表达能力。在体验、观察、联想、记忆、欣赏的基础上，对学生线描画的绘画工具采用、造型元素、不同表现方式注意引导。并且指导学生能够以由小至大、由点至面的观察为主，让学生具备不断发现新事物的能力。

线描画是小学美术教学的重要组成部分，对于培养学生的美术意识以及绘画水平具有一定的基础性作用。尽管很多教师积极探索线描画教学的有效方法，但在具体的实施过程中仍然存在一些不到位的方面。这就需要广大小学美术教师将线描画上升到更高层面，特别是从培养学生美术核心素养的战略高度入手，运用系统思维和创新理念，着眼于解决当前线描画教学存在的诸多问题，采取积极有效的措施，大力推动线描画教学创新，使线描画教学取得新的、更大的突破。

介绍具有独特艺术价值的画种——白描，即单纯地用线画画。

线条与绘画同生，不论是在书法艺术中还是在绘画创作中，线条的运用始终讲究一个"力"字，如有刚劲有力、高山坠石、力透纸背等说法。白描线条的力度深浅、粗细长短、舒缓疾徐等形成了独特的风格和韵律。中国画自古以来讲究"应物象形"的艺术手法，一根好的线条必须将质感、空间感和形象感融入画面，进而表现客体形象朝气蓬勃的精神意趣。画者应从现实生活出发，常常观察自然界中的各类物质现象，了解其生存环境、运动状态、生长规律、生活习性等，用心感受大自然的美，收获自然所赋予的美感和个体情感上的共鸣，达到相由心生、情由心生的理想境界。在表现画面时从客体的结构出发，描绘客体生动的形象，并结合线条运用所产生的不同变化运笔用墨，最终表现客体的外在气质与内在神韵，达到"似与不似之间"的创作意境。

线描画的构成：点、线、面。

2. 生活中的线与点

线与点

3. 你能随手画出几种线与线的组合吗

点与线、线与线可以是有规则的组合，也可以是无规则的组合。

4. 学习青花线描

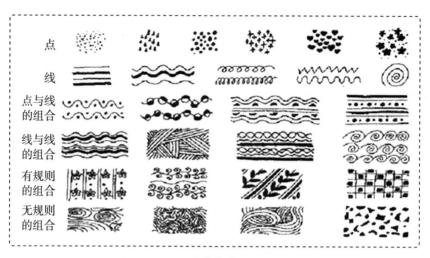

线描技法

师：同学们，在公元前大约380年的战国时期，有一个伟大的军事家名叫孙膑。有一次他在与敌人交战的时候被俘虏了，他的师父鬼谷子听到这个消息以后，马上骑着狮虎拉的车下山去救他。这个传奇故事被元代的陶瓷艺术家描绘在了一件神秘的瓷器上，这件瓷器在2010年春季的拍卖会上卖了2.3亿元人民币。你们知道这件著名的瓷器叫什么瓷器吗？

生：青花瓷。

师：对，就叫青花瓷。这种瓷器要在1300℃的温度下才能烧制而成，青花瓷是我国古代著名的瓷器，它到底有着怎样的艺术特点和魅力呢？我们仔细地欣赏几件。

5. 教学分析

教学中，也就是第二课堂美术教学，我更注重学生的动手能力和作品的多元表现形式，更重视"以儿童为本""把'童趣'还给学生""把课堂还给学生"。在美术教学中，我十分重视对不同层次学生设置不同的学习任务。当然，我也会引导学生画身边有趣的事，比如把我们学校开展的"健美节""秀秀节""科技节""踏青节"等节日里发生的有趣的事画在盘子上、扇子上，积极地参与美术活动，快乐地学习美术，自觉地接受美术的熏陶，从而领悟美术的魅力。

【教学反思】

小学低段的教学一定要注意趣味性，既要使学生沉浸于学习的生动和趣味中，又不至于因趣味的追求而失去学习目标的达成。教学分成两部分，前一部分是引导学生学习什么是线描画，初步了解并学习；后一部分展开对青花瓷有关知识、文化与艺术的理解，激发出学生学习的兴趣，为后面的一系列活动做好铺垫。教师既直观示范，也详细传授了用基本形概括的方法，这就解决了学生创作的难点，使学生很好地理解和掌握了创作的要点与思路，教学也成功达到预设的目标。

【教学成效】

每年我都会带学生参加各种比赛，通过比赛增强学生的兴趣，肯定自己的才华。我们青花线描美术班的学生2016年参加第26届中南六省中小学美术教育广东省选拔荣获一等奖；参加由广东省文化厅、省教育厅、省妇联、省少儿文艺工作协调委员会等部门联合举办的广东省第九届少儿艺术花会，这是一次全省性大型少儿艺术盛会，该项活动从1986年开始，每三年举办一届，我的12名学生在此次比赛中凭借作品《京韵》荣获金奖；2015年，我的学生参加深圳市第十一届少儿艺术花会荣获金奖，值得一提的是，此次比赛整个深圳市只有十个金奖，并在深圳剧院颁奖；同年，在第三十届深圳市青少年科技大赛中获科幻画一等奖，荣获第十届深圳市学校艺术展演二等奖；2014年，在深圳市"创意无限，我的梦"现场手工大赛青花伞《沉睡的世界》荣获二等奖；2013年，在深圳市第九届少儿艺术花会美术比赛中荣获一等奖，在深圳市第八届艺术展演中荣获一等奖。

《少儿美术》《宝安日报》《关心下一代》多次发表我们学生的作品。6名学生的金奖作品在关山月美术馆展览。短短的几年时间，我的学生在省、市、区共荣获金、银、铜和一、二、三等奖200多项。深圳市少儿电视频道曾来我校对创意青花线描课进行了拍摄采访，并在晚7：30黄金时段播出，学生、家长和电视机前的观众反响热烈。

青花线描画的探索与推广　第四章　肆

创意线描班的学生作品在中国重点刊物《少儿美术》
《关心下一代》《宝安日报》发表

由于课程及团队建设方面做得出色，2014年3月全区的美术专题
教研活动在我校召开。会上，我应邀做了经验介绍

青花线描班的学生代表学校参加2016年深圳学生创客节现场绘画展示（二）

青花线描班的学生代表学校参加2016年深圳学生创客节现场绘画展示（三）

美术教学不仅是一门技术，更是一门艺术。当教育教学成为一门艺术的时候，便具有化腐朽为神奇的力量，这股力量深入人心，引人深思。配方课堂的思想是一门艺术，艺术是永无止境的，我们得不断地去探索和发现。这几年里，我们以真诚的汗水与炽热的激情挥洒成画卷。我坚信，单一的颜色早已无法描述我们的精彩。美，无处不在，我们的画笔不会停下。展望远方，我们的色彩必将更加绚烂多彩！

（图片摄影：张红华　符秋虹）

第五章

开展探究式青花线描教学

一、青花线描课程开展缘由

之所以选择青花作为线描课程的重要载体，因为青花是我们的国粹，现代社会在研究青花传承与创新方面，比如设计界对于青花装饰纹样在平面设计、服装设计、动画设计、环境艺术、舞台设计、展示设计等相关领域应用方面的实践和研究较多，但是小学开展青花线描的不多，系统的研究更是少之又少。从小接触青花这种既经典又开放的艺术，弘扬和传承典雅的青花艺术是非常有必要的。经过近10年的教学探索，通过青花特色课程的实施，对小学美术课程培养核心素养也逐渐有了自己的思考。

（一）小学线描画的教学研究

以中国白描作品欣赏为引导，感受线条魅力，弘扬传统文化，利用优秀的白描作品引导学生去观察和欣赏，感受线条在我国传统美术中的重要作用。如欣赏《水浒白描人物》，在欣赏绘画作品的同时，给学生讲解水浒故事，讲述人物故事及性格特点，再联系白描作品中的线条轻重缓急，讲述线条对于人物特征的表现力，进而对线条进行分类，如给人以广阔、宁静感的水平线；给人以流动、优美感的曲线；给人以升腾、挺拔感的垂直线；给人以危急或空间变化感的斜线。

解除束缚，让线条在学生手中自由驰骋。学生都喜欢线条涂鸦，往往在没有明确目的的情况下所画出的线条既轻松又自然，从中获得了很多的乐趣，可是由于这样的线条涂鸦作品表现得比较随意，让人觉得"乱七八糟"，老师们和家长们就会把学生狂放不羁的线条评价为乱画。这样的评价标准无形中束缚了学生自由创作的翅膀，打压了学生的创作信心。为了解放学生的画笔，我为学生设计了一系列特殊的课程，叫"线之舞"。教室中播放各种风格的音乐，学生在一张4开的大纸上随着音乐的跌宕起伏随意画线，古典音乐让学生感受到长曲线所展现出的优美浪漫，现代爵士让学生感受到短线和点的组合所展现出的明快节奏，摇滚乐让学生感受到折线所爆发出的力量……

（二）同中求异，让自己的作品个性飞扬

学生的创作过程和作品是他们表达自己的认识与情感的重要方式，应支持学生富有个性和创造性的表达，克服过分强调技能技巧和标准化要求的偏向。把简单的基本单位进行不简单的组合，把各种造型不同、疏密不同、粗细不同的线组合在一起，其视觉效果十分美观。如让学生画《梦想家园》，学生根据自己观察到的房屋以及自己心中想象的房子，利用自己积累的各种形状和线条，组合出千姿百态的房子。一幢房子的墙面、屋顶、门窗的形状都不尽相同，花纹样式也各不相同。就算是相同的线条，组合方式不同也能产生不同的艺术效果。

青花课程在于培养学生的兴趣、爱好，并增加学生的课外知识，提高一定的技能与习惯。要求学生能够随时观察生活中的传统纹样，有时可能是一个青花瓷上的花纹，有时可能是家里红木沙发的边角装饰，有时可能是游览博物馆的一鼎青铜器的纹路……将这些生活中的传统流畅的纹样转变成璀璨美丽的画面，记录习惯要求学生随时随地记录生活中的这些美丽纹样。

我们立足于中国传统文化，以探究、融合为核心，以提高学生创造力为切入点，以青花为研究母体，以美术线描课作为渠道开发和研究小学生的探究融合式青花线描课程，旨在弘扬与发展中国文化，打通学科间边缘知识的盲点，实现学科间知识的融合。

线描是中国画的主要造型手段。线描是运用线的轻重、浓淡、粗细、虚实、长短等笔法表现物象的体积、形态、质感、量感、运动感的一种方法。简单来说，就是使用单纯的线进行绘画。

在传统绘画中，线描不仅是具有独立艺术价值的画种，还是造型基本功的锻炼手段。线描不仅可以勾画静态的轮廓，还可以表现动态的韵律。用线和空白还可以谱写出一支支和谐流动的线的协奏曲。中国历代画家对线有着深刻的认识和高超的创造，他们用千姿百态的线抒发情感、描绘自然，使线在艺术作品中有独特的魅力。

线描中的线条可以有许多变化，如长短、粗细、曲直、疏密、轻重、刚柔和有韵律等。常用的工具有铅笔、炭笔、炭精条、钢笔、尼龙水笔、签字笔、记号笔等。

儿童线描装饰画与写生线描又有区别，儿童线描装饰画更注重儿童的主观想象和感受。儿童可以根据自己的意愿和需要突破客观事物的限制，任意组合画面，主观表达重于客观描绘，联想和夸张多于分析与观察。儿童线描画的装饰性极强，在充分表达儿童的童趣、灵性和丰富的想象力之外，还体现了线描画的黑白分布的巧妙配置和线条变化所形成粗细曲直的节奏与韵律之美。

古代器皿底纹

1. 线描画的绘画元素——点线面

康定斯基的《点线面》一书，最早作为包豪斯学校的形式课程讲义出版，是现代主义艺术的经典文献。从内容上看，是康定斯基理论名著《艺术中的精神》的续篇，一方面贯彻该书中的抽象艺术主张，以具体分析的方法研究抽象视觉元素的艺术特征；另一方面则延续该书中的视觉构成课题，从色彩构成转到平面构成，探索现代构成理论的基本框架。讨论定义了平面构成的三大元素，即点、线、面的形式特点。

康定斯基认为，点是工具与物质材料表面最先相接触的结果，是基础的面。纸、木、画布、拉毛装饰板、金属等都可以构成这种最基础的物质材料面。工具可以是铅笔、刻刀、油画笔、钢笔、铁笔等，通过最初的接触，最基础的面就产生了。

在绘画中，一个点的外形概念是不确定的，这种可视的、几何学的点一旦物质化，就必定有一定的大小，占据画面一定的位置。此外，它必定有使其与环境分割开来的确定范围——外轮廓。点的大小形状可以改变。外表上，点可以说成最小的元素形式，但要准确地界定"最小的形式"这一概念却是困难的——点可以扩展，变成一个面，"稍不留神"它就可以充满整个画面。那么，点与面之间的界线应画在哪里呢？

原始保存下来的古代壁画被生硬地划分成了两个艺术范畴——油画和版画，但当艺术家们的意识开始觉醒，他们便很轻易地在各种艺术形式——雕塑、建筑、泥塑、版画甚至芭蕾舞中寻找到点、线、面的痕迹。

线描装饰画的元素主要包括点、线、面。从点元素的方面看，点可以分为大点、小点、雨滴点、圆形点、沙粒点等。点元素的运用更加灵活。点在生活中较为常见，如天上落下的雨滴、沙滩上的沙粒等。不同形状、大小的点的不同排列形式和不同疏密变化等，能够产生不同的视觉效果和艺术形式。教师在带领学生认知线元素时，可以先引导学生尝试在纸上画一画，让学生自行练习，加深学生对线条的理解。同时，学生在将线条自由组合的过程中也能够激发学习兴趣。在教学过程中，教师可以先带领学生尝试对点、线、面等元素进行构思和组合，不需要给出特定的形式，学生可以发挥想象力，绘制各种线条和形状。

2. 青花线描这个概念取自何处

元代青花上的纹饰大多采取工笔勾勒的技法完成造型。勾，即选择衣纹笔蘸料水在坯体上勾勒线条。勾勒时多以中锋行笔，笔速稍慢，压力均匀，保持线条粗细变化不大，线形流畅生动。元青花勾勒技法借鉴中国白描人物画的"十八描"，用线上讲究"一波三折""抑扬顿挫"，绘制的线条典雅和谐。纹饰中的花鸟虫鱼、人物瑞兽、莲叶花瓣、卷草水藻无不是依赖这种装饰性极强的工笔线描手法完成。

根据造型的不同，元青花画师会适当地采用不同的笔法形成不同的线形。例如，用实入实出的笔法形成的"铁线描"勾勒龙凤、花卉、人物、车马、鱼虫、鸟兽的轮廓；用实入虚出的笔法形成的"钉头鼠尾描"勾勒龙纹的龙爪、鳜鱼背鳍的骨刺等；用实入虚出的笔法形成的"游丝描"表现兽须、羽绒、胡须、波涛等。正是对工笔线描技法的娴熟运用，使元青花纹样整体呈现出工细严谨、精致规范的美学特征。

元代青花瓷器

在青花装饰上，用浓淡不同的五种基本料色，以区分表现各事物本身特征，用青白对比的手段，达到装饰效果上富有层次节奏的韵律美，形成不同的色彩情调。在青花设色上，料色的深运用是没有绝对的色阶区分的。头浓、正浓、二浓、正淡、影淡五种料色，只相对地表明不同情趣的五种基本色相，相互配置运用，以达到统一、和谐的色调。青白对比，水路的穿插是青花构图中的重要规律。这不仅因为青花纹饰和造型是一个整体，它附着于器型上，是从属于造型的一种装饰，而且均衡、灵巧的色斑分布易于达到理想的装饰效果而不至于破坏造型形体。青花纹饰讲究蓝白对比、穿插的关系，是装饰效果的需要，是表现优美的白色瓷质的需要。在绘画性构图上讲究"开合、虚实""大空、小空"，把"疏可跑马、密不插针"看成绘画性构图的普遍基本规律，也包含着水路的疏密关系。

开展探究式青花线描教学 第五章 伍

线描是青花的一种重要手法，也是我们民族绘画的艺术特征，通过线条来表现各种事物的形象。这些由线条所描绘的形象，往往是经过概括提炼的，最能表现事物的特征和内在结构，更好地表现出各事物的精神实质，以达到"应物象形""以形传神""神形兼备"。有时为了使形象更加鲜明突出，线描往往做大胆的夸张和省略，这对看惯了西洋素描或植物标本画的人来说，无疑是一种不符合结构的现象。如画花卉，往往把花头夸大而置于主要位置，把叶子缩小到仅具有衬托的特征，这对整体纹样来说，是更好地突出主题。如莲花，它的大块叶片比花头不知要大上多少倍，如果照实搬上画面，那只见大面积的叶片，还能找得到花朵吗？也就失去了莲花的特征，更无所谓"真实"可谈。所以在青花纹样上，这种对自然的不真实，正是为了达到艺术上的真实，有时为了适合某器型可以把各种花卉纹样的姿态，以缠枝、连续、散点、团花、折枝等格式，用线条来表现这些形象，更觉得方便、自然、生动而富有变化。

由于我国传统绘画体系庞杂、年代久远、内容深奥，美术教材中与传统文化相关的内容分布零散、形式单一，无法吸引学生的注意力。同时，我们尝试辨析传统青花线描与康定斯基口中的点线面，并尝试将两者结合到一起，因此我们开发了"青花线描"这一课程，选择青花这一元素与线描有效融合，以达到"应物象形""以形传神""神形兼备"。

二、中国传统文化与青花线描的融合探究

美术作为最古老和直观的文化传播载体，肩负着传递文化、传播思想的责任，美术课程的学习不仅仅是人类文化资源的共享，更是优秀文化得以传承发扬的重要路径。随着我国跻身世界强国的步伐日益加快，对外开放、中外交流日益增多，学校教育中网络化教学的推广与普及，电视画面、网络语言、城市广告等流行元素中外来文化强烈充斥着学生的视觉和心灵。在日常生活中，学生对偶尔出现的传统文化形象感觉无比陌生，甚至报以不屑的态度，而对外来的卡通、波普等快餐艺术形式则具有浓厚的兴趣。这样一来，不仅不利于美术知识、技能的学习和认知，还面临传统文化发扬与传承的断裂。在任何一种美术形式的学习过程中，欣赏都是重要的学习手段和路径，我国传统艺术和中外图案艺术中线造型的精髓便是帮助学生认知线描造型特

点、学习线描技法和实现文化传承的佳径。

小学高年级的学生较中低年级的学生而言，虽然具备了一定的美术鉴赏基础，但因其知识体系和认知能力的限制，对过于生疏且脱离实际生活的欣赏内容不仅难以理解其中的艺术文化魅力，而且难以激发其学习的兴趣。因此，对于欣赏内容的选择必须适合其认知能力和心理特点。

传统白描作品与传统书法作品欣赏内容如下。

（一）传统白描作品欣赏

欣赏、传承造型根基白描是中国画的造型方法之一，指描绘事物时用墨线勾勒物象，不着颜色，因物象之形、神、光、色、体积、质感等均以线条表现，难度很大，因而要求取舍、力求单纯，对虚实、疏密关系刻意对比，故而白描有朴素简洁、概括明确的造型表现特点。尤其是中国古代吴道子、李公麟、陈洪绶和近现代陈之佛等白描大师的作品，流畅的线条、生动的形象深受古今中外美术爱好者的喜爱。针对小学高年级学生的认知基础，我们摒弃难度较大的内容，选择适当的花卉、人物服饰图案形象用于欣赏，使其表现形式成为学生创作中的有效借鉴，为学生的线描作品增添传统韵味的同时帮助学生较为系统地了解祖国传统绘画的精髓，也为祖国文化的传承起到了一定的推动作用。

（二）传统书法作品欣赏传承布局之美

中国五千年璀璨的文明及无与伦比的丰富文字记载为世人所认可，中国的书画艺术以其独特的艺术形式和艺术语言相映生辉。《历代名画记》中谈论古文字、图画的起源时说："是时也，书画同体而未分，象制肇创而犹略，无以传其意，故有书；无以见其形，故有画。"这一观点不仅阐释了中国文字的起源为"画"，同时也道明了书画密不可分的视觉效果。以甲骨文为例，其书法用笔方圆兼备，布局或匀称，或对比强烈，具有庄严凝重的艺术效果，其字如画，且字与字之间的空隙也如同画面一般。再以王羲之的《兰亭序》为例，书写时顺势而下，没有刻意追求灵巧，字列之间或宽或窄，有些字列旁边有添字，还有多处涂改，在率意之中显出天然之美。篇中偶有笔画粗重的字，分外醒目，也有形体颇大的字，显得整中有变，又可以看出率意之中的精心。古人评价其章法时说："若千丈文锦，卷舒展玩，无不满人意。"丰富多彩的笔画和多姿多态的结体，形成满篇飞动的神采，如

开展探究式青花线描教学 第五章 伍

同创造了一个繁花似锦、春意盎然的百花园。在线描表现中,不仅要关注线与线的疏密聚散等造型特点,线条之外空白部分的造型也是画面形式美感的重要部分,这就如同书法中的章法之美。自从电脑打字越来越普及,中国传统书法艺术离开人们的视野逐渐远去,利用线描学习的机会欣赏传统书法作品的用笔、章法之美,可以发挥提升线描表现能力和传承书法艺术布局之美的双重作用。

三、传统文化的运用与延展

传承最为有效的路径是运用,如果学生能够在绘画创作中自然而然地将传统艺术文化的精髓运用其中便是最好的传承。小学高年级学生在心理上处于青春期前期的特殊阶段,喜爱新鲜事物的心理特点已经悄然在其身上体现了出来。线描创作中,因为没有色彩的渲染,很多时候画面的某些部分会出现"空缺"。此时,及时通过中外传统纹样的欣赏来寻找填补"空缺"的元素,赋予传统图案时代的表达,在此过程中将中外文化的精髓有效延伸。例如,中国古代陶器、青铜器中常用的回纹、云雷纹、饕餮纹等,在民间被赋予吉祥、富贵、连续的寓意,在线描创作中,可以根据不同的内容使之以"单独纹样"或"二方连续""四方连续"的形式出现,以起到填补"空缺"、丰富画面的作用。再如,常见于印度特色面料上的火腿纹,形似腰果,圆脑袋瓜小尾巴,也形似泪珠,模样单纯谨慎,很中性,适合于各种内容、形式的线描装饰,可以为画面平添许多具有东方特色的异域风情。

四、装饰手法的综合运用

《说文解字》中对"饰"的解释是:"从人从巾,食声,读若式。"清段玉裁说,"饰"和"拭"是古今字,有"饰"无"拭","凡物去其尘垢即所以增其光彩",后来引申为装饰。纹饰的饰用其引申义,最初是指织物的花纹装饰,后来才引申到其他器物。

(一)牡丹纹样在青花线描中的运用

牡丹纹是传统装饰纹样中具有代表性的纹样之一,深受人们喜爱。牡丹花闻名天下,艳冠群芳,洛阳牡丹以"国色朝酣酒,天香夜染衣"著称。牡丹品种繁多,色泽变化之多,有红、白、黄、绿、紫、黑等,气味芳芳,氤氲馥郁。宋代诗人邵雍在《洛阳春吟》中写道："洛阳人惯见奇葩，桃李花开未当花。须是牡丹花盛发，满城方始乐无涯。"描绘了当时牡丹盛开的盛况。唐代诗人刘禹锡在《赏牡丹》中写道："庭前芍药妖无格，池上芙蕖净少情。唯有牡丹真国色，花开时节动京城。"历朝历代，牡丹纹作为中华大地本土化的装饰纹样，吸收和借鉴了不同纹样的多重变化因素，形成了牡丹纹独特的装饰韵味。牡丹图案作为一门独特的装饰语言，无论是官窑还是民窑，牡丹纹都是其图案装饰的主纹，使用广泛，寓意吉祥，落落大方，多装饰在器皿的主要部位，起到点睛的作用。在青花斗彩瓷中，牡丹纹的装饰性得到了极大的提高，有缠枝牡丹纹、折枝牡丹纹等，表现技法有刻花、划花、绘画等，其牡丹形式有独枝、交枝、折枝、串枝、缠枝等。

传统青花斗彩瓷中，表现纹饰大多是规整的图案化构图，规矩工整，多表达祈福、寄托美好寓意之感。不同器物搭配上适合的纹样，给人以宁静、舒适之感。其构图多为二方连续、四方连续、团纹、云纹等，画面表现寓意性居多，装饰题材以龙纹、海怪、天马表现较重，结合其他纹饰，如团蝶、菊花纹、牡丹纹、宝相花、花果小筑交相呼应，还包括稀有的海兽纹、落花流水纹和莲托梵文等创作题材。

古时社会稳定时，百姓大多安居乐业，图案多反映生活趣事和诗意生活，当时画面的主要装饰纹饰有串枝葡萄纹、婴孩嬉戏纹、鸳鸯牡丹纹、花草蝴蝶纹等一系列表达生活之美的纹样，显得生意盎然，富有情趣之美，充满了勃勃生机。如明成化鸡缸杯，以山石小景为底，衬以花草点缀，鸡群里公鸡昂首阔步，气势昂然，母鸡带领着三只小鸡低头寻找地上的吃食，附近的鸡群嬉戏打闹，显得气氛温馨和谐，引发观者的共鸣。

在现代的图案装饰中，牡丹花纹依旧是新时代器物装饰中不可或缺的装饰纹样之一。受到现代文化交汇的大浪潮影响，牡丹纹也较之前有了新的机遇和创新。从色彩和构图中探寻，色彩较古时候更为秀丽大方，清新脱俗，装饰手法也多种多样，根据牡丹纹在不同器物上的运用，给予画者无限的创作空间。在构图中，可将牡丹居中表现，突出牡丹的特点，将牡丹纹置于器皿的中心位置，突出牡丹主题；或是将散点构图，牡丹三两朵为一簇，衬以其他装饰图案，将牡丹纹和其他纹样完美结合，形式灵活，风格多样，形成一种平稳的构图。

（二）花鸟题材在青花线描中的运用

花鸟画是中国画的一种，是以花、鸟、虫等为描绘对象的画。在中国画中，凡以花卉、花鸟、鱼虫等为描绘对象的画称为花鸟画。花鸟画中的画法中有"工笔""写意""兼工带写"三种。工笔花鸟画即用浓、淡墨勾勒对象，再深浅分层次着色；写意花鸟画即用简练概括的手法绘写对象；介于工笔和写意之间的就称为兼工带写，形态逼真。宋代学者赵希鹄在《洞天清录·古画辨》中这样描述："崔白多用古格，作花鸟必先作圈线，劲利如铁丝，填以众采，逼真。"唐代张彦远曾在《历代名画记》中提道："无线者非画也。"宗白华先生也曾说："中国画是以线条构成为主要表现形式。"从古至今，线不仅是中国画的表现语言，也是造型手段。

相比写意画，工笔花鸟画具有非常明显的注重细节的特点，通过线条的形式仔细描绘每一个细节。因此，青花线描课程将工笔花鸟画运用到日常的教学当中，将花鸟题材作为训练学生造型能力的重要手段，但是在造型的过程中除了要追求"形似"之外，还要注重以形写神、以形写意。也就是说，要注重工笔花鸟画整体的风格及内涵，只有这样，才能更好地提升工笔花鸟画的审美价值。

线条作为工笔花鸟画中一种非常重要的创作语言，需要为造型服务。因为工笔花鸟画所绘的对象是花鸟，而现实中的花鸟本身在外表上是不存在线的，工笔花鸟画中的线条是画家对现实中花鸟进行观察、认识以及分析后主观模拟出来的一种形似的线条，它不仅是在整体造型上与客观事物极为相似，也表达出画家对其深厚的情感，展现出画家独特的绘画风格。从中可以得知，工笔花鸟画中的线条是艺术家对客观事物外在形态的一种抽象判断，通过对一些具象的内容进行合理的抽象化，使其形成了现阶段工笔花鸟画中简单而流畅的花鸟造型。也正因为如此，工笔花鸟画中的线条具有了一种抽象美的意味。在工笔花鸟画中运用这种具有良好抽象美意味的线条来进行造型，不仅能够更充分地体现线条的表现力，同时能够增加工笔花鸟画整体的艺术价值。

在训练初期，通过为期一个月的控笔练习训练学生的线条，掌握线描画中的虚实、疏密、交叠、穿插、呼应、留白等形式美的法则，从而能够在创作过程中如行云流水般一气呵成，还要训练对于线条粗细的把握。很多学生在画线描画时，常常由于太精细、无变化而变得死板、纤弱，缺少生命力和线条本身的美感，缺少质感和轻重变化，为细而细的线描很难在疏密、干湿、曲直、长短的变化中表现出无限丰富的笔触层次。这时，画面中增添一些相对粗放的线条更能达到想要的意境。紧接着，通过对中国花鸟画进行二创，采用"尚意"的造型原则，也就是说，通过对绘画对象的观察和理解，抓住其在外形上的特征，悉心观察把握表现对象的生态特征、生长规律及动态特点，采用"应物象形"的手段来勾勒线条，学习画家构图的逻辑，加强对花鸟具象形象的刻画。

五、《山海经》在青花线描中的运用

《山海经》是中国先秦重要古籍，主要内容包括山川、地理、民族、物产、药物、祭祀、巫医等，反映的文化现象地负海涵、包罗万汇。除了保存着丰富的神话资料之外，还涉及多种学术领域，如哲学、美学、民俗学、民族学、地质学、海洋学、心理学、人类学等，可谓汪洋宏肆，有如海日。在古代文化、科技和交通不发达的情况下，《山海经》是中国记载神话最多的一部奇书，也是一部旅游、地理知识方面的百科全书。

《山海经》为艺术创作提供了诸多素材，书中用大量文字与插图记载了许多能力超凡的神灵和形态怪诞的异兽，有些根据当时的生物而创作，有些则是把人与兽、兽与兽重新组合而创作，我们在今天依旧能够感受到古代先民天马行空的想象力和审美意识。除了鬼怪异兽，《山海经》中还记录了数不清的山川湖海，因此也可以称作一本地理志。《山海经》分为《山经》《海经》《大荒经》三个主要部分，《山经》从东、南、西、北、中五个方位记述地理地貌、山川河流以及神怪异兽、矿藏物产等，而《海经》从东、西、南、北四个方向记录海外和大荒的国土边疆、风土人情等。《山海经》所描绘的地理范围几乎覆盖了全国的版图，因此地理形态也成为许多艺术家争相表现的线索之一。

《山海经》原本是图文并茂的著作，后来由于图版失传，流传下来的后人配图因为受到当时印刷工艺和手绘技术局限性的影响显得古拙质朴，缺乏灵动性，这也激发了大量现代艺术家二次创作的兴趣。因此，青花线描课程将《山海经》引进创作练习当中，从中国传统文化中汲取营养，在不改变东

开展探究式青花线描教学

第五章

方元素和中国传统美学因素的基础上能够适当融合现代美学技巧及西方美学理念，比如在《山海经》"酸"的插画当中、"九尾狐"的插画当中、"何罗鱼"的插画当中，都融入了增加的插画手法，进而创造出九条尾巴的狐狸、十个身子的何罗鱼、六个头的鹉鸟。同时，培养学生的文本转化能力，为学生以后的插图创作课程打下了扎实的基础。

习近平总书记强调"讲好中国故事""提高国家文化软实力和中华文化影响力"，就是要求我们要不断从本民族的传统文化中汲取营养，创造性地传承与发展中华优秀文化。中华灿烂瑰丽的文化为现今艺术家的创作提供了非常宝贵的源泉，以《山海经》为代表的中国鬼怪神话故事更是其中大放异彩的一类。

第一，从中国鬼怪神话中借鉴符号。中国鬼怪神话通过文字与图像的形式流传至今，我们不仅能够从文字的翔实记载中了解到鬼怪异兽的大致样貌，大量的图像资料更能帮助每个人形成独一无二的理解。在艺术创作中，艺术家需要严尊史实，提取对自己创作有用的素材，把鬼怪神话中经典的图形、色彩与造型等转换为符号意象，融合艺术家自己的风格进行新的艺术表现。

第二，从中国鬼怪神话中认知审美。神话是历史性的，也是艺术性的。中国鬼怪神话是我国古代先民意识形态的缩影，也体现了古代先民的审美意识。例如，《山海经》中对异兽怪诞造型的表现，用现在的审美眼光来看必定谈不上精致，甚至还有些狰狞可怕，但这恰恰体现了一种"反美而美"的美学意蕴。美是什么？美是在形式和精神表现上能带给人情感共鸣的一种体验。因此，艺术作为人类把握世界的一种方式，它的美没有统一的标准和维度。

第三，从中国鬼怪神话中提炼哲思。中国鬼怪神话能够流传至今的重要原因之一是，它体现了中国民族精神和中国哲学思想。因此，解读中国鬼怪神话不仅要追溯到它所处的时代，更要立足于当下进行审视。这种不断变换的视角仿佛一面镜子，既让我们看到光怪陆离的奇幻世界，又让我们反观现代社会和人类自身。因此，艺术家在以中国鬼怪神话进行创作时，既要注意表层意象的借鉴，又要注意深层哲思的提炼。

在当下"跨界热"的趋势下，美术教学也应当积极调整，以顺应时代的发展。将文学与美术相结合，有利于引导学生以审美的眼光看待文学，打通学科壁垒，培养学生的创新意识。将《山海经》引入小学课堂，能够将中国传统文学与美术相融合，有利于学生以新的形式传承中国传统文化。《山海经》中的形象天马行空且没有太多细节，有利于激发学生的兴趣，给予学生极大的发挥空间。在教学过程中，结合古今中外视角下《山海经》中的异兽形象，为学生提供全方位的观察视角，让学生在了解创作对象的基础上进行描绘。在实际绘制过程中，引导学生从尝试到学习再到结合学习体会进一步实践，掌握科学的学习技巧。

"'青花'的世界"教学案例

【教学背景】

青花是我国的艺术瑰宝，是从古流传至今的财富，那么怎样把传统文化巧妙地融合到美术课堂中呢？

青花瓷是系列之一，青花瓷是国瓷，是中国文化的传承与创新，在国际上颇具影响力。青花瓷是艺术殿堂的瑰宝，是文人艺术家手中的爱物，是收藏家的猎物，是博物馆的珍品，是东方中国的文化标签。作为新一代的学生，学习了解中国文化是非常有必要的。

【教学思路】

本课意在课程中积极落实开放式教育的学科打通概念，整合教学内容，让学生了解千百年来青花瓷独特的色彩、纹样和造型。学生主动参与、乐于探索、勤于动手绘画和体会探究的过程，培养学生合作交流能力、探究能力和想象能力。在本课设计中，以人文情感为目标，采用适合学生年龄阶段的认知过程，以学生喜爱的小组活动形式，以逐步引导为手段，调动学生的各个感知器官，在愉快的气氛中接受知识。

【教学方法】

讲授法、谈话法、讨论法、演示法、比较法、欣赏法、观察法、发现法。

【教学目标】

（1）知识与技能：通过学习青花瓷，感悟青花的特点，合作创作一幅有特色的青花瓶作品。

开展探究式青花线描教学

第五章

（2）过程与方法：通过欣赏、探究、归纳总结等。

（3）情感态度与价值观：通过学习活动，培养学生对青花瓶的认识和欣赏能力，引导学生在小组合作中探索交流，培养学生的合作能力和探究意识。

【教学准备】

学生准备：纸张、蓝色大头笔。

教师准备：教学PPT、图片等。

【教学重点】

让学生学习青花的特点，引导学生创作青花瓶，以夸张变化的手法进行联想、创作。

【教学难点】

创造性运用点面色等造型元素将想象和感受表现出来。

【教学课时】

1课时。

【教学过程】

1. 激情导入，探索新知

（1）边听边看。（请同学们欣赏周杰伦的《青花瓷》进一步认识青花瓷，一边听一边看这美丽的水墨画）

（2）看到了什么？（对，描绘了人物、荷叶、鸟儿、动物）

（3）画面的颜色构成是什么？你的感受怎样？（白色底，青色画，又称"白地青花"，常简称"青花"。青花瓷是"国瓷"，千百年来，青花瓷以其独特的色彩、纹样和造型向世人昭示着它的魅力与风采，作为新一代的我们担负着传播中国传统文化的责任。今天老师带你们走进"青花"课堂，看老师带来了一件青花瓷，谁来摸一摸？你的感觉很对，是很素雅、清凉的感觉）

2. 合作探究，导学铺引

（1）我探究。

青花瓶受到历代帝王的喜爱，也受到文人墨客的赞美，他们为青花瓶写下了一首首美妙的诗词，这首《咏瓷花》，老师最喜欢的是最后两句："浮梁瓷器白无瑕，巧借蓝色写青。"

① 同学们还知道哪些有关青花瓷的诗词吗？

② 一件件青花瓷凝聚了工人的匠心、画师的技艺和诗人的文采，它是瓷、是诗，更是史。同学们，这个《鬼谷子下山》的故事出自《战国策》。在公元前大约380年的战国时期，有一个伟大的军事家叫孙膑。有一次他与敌军交战的时候被俘虏了，他的师父鬼谷子听到这个消息后，马上骑着狮虎拉的车下山去救他，这个传奇故事被元代的陶瓷艺术家描绘在青花瓶上。

《鬼谷子下山》青花瓶图片

③ 你们猜一猜这个青花瓶拍出了什么价格？

（2）我尝试。

① 你愿意尝试画一个青花瓶吗？

② 创作中你遇到什么困难？有什么发现？

（3）我观察。

这种瓷器要在1300℃下烧制而成，它到底有着怎样的艺术特点魅力呢？我们仔细欣赏几件。（主要看它的外形结构、图案内容、花纹变化）

（4）我发现。

① 花瓶的结构。（我们要画好青花瓶就要了解它的结构）

② 瓶口、瓶颈、瓶底。

③ 瓶肚。

④ 瓶耳。

3. 教师示范

微课。

4. 小组讨论

（1）你想设计一个什么样的青花瓶？

（2）怎样分工合作，小组代表汇报讨论结果。（从画的主题、表达的寓意分析）

5. 学生创作，教师指导

创作要求：

（1）小组合作，共同完成创意作品。

（2）布局合理，构图新颖，绘画细致。

（3）音乐起，手即起；音乐停，手即停。

6. 展示与评价

自评：谁说说自己的画？

互评：你喜欢谁的画？

7. 课后拓展，多维收获

欣赏北京地铁10号线、衣服、舞台、书签等，分享生活中用青花造型进行设计的用品，课后尝试进行设计。

【教学总结】

"'青花'的世界"这一课的执教对我来说是一次前所未有的考验和历练，我打破了传统的形式，与语文、音乐学科打通，用周杰伦的《青花瓷》导入，从青花水墨画的感受到诗词再到历史等，让学生了解千百年来青花瓷以其独特的色彩、纹样和造型向世人昭示着它的魅力及风采，注重培养学生自主学习的意识和合作探究，增强了学习兴趣，也增强了积累知识的能力和运用知识的能力。基础在于学生的艺术素养，而学生艺术素养的全面提升渠道在课堂。意在培养学生"个性发展"，追求学生"心灵纯真"的同时，多视觉地联想与表现身边生活中的"特写镜头"，并一一表现出来。上这节课之前，我并没有提前试教过，也没有让学生准备什么，学生根本不知道这节课要上的内容。一是构思独特、富有童趣；二是造型生动；三是联想丰富、展示个性。他们既能互评又能他评，让学生平时多观察身边的人或事，把我校特色做到更美、更精。但也存在不少问题，如某些环节处理得过于细致，使后面的时间不够；后半节课急于结课，处理比较生硬。

"纸上青花——青花盘"教学案例

【教学背景】

青花盘是青花系列之二。中国享有"瓷国"称誉，是瓷器的故乡与原产地，本课让学生接触、认识并尝试设计青花盘，体现了美术课程浓郁的人文精神。青花瓷只用一种蓝色，洁白的瓷和深沉的青蓝色画面，形成了鲜明、单纯、纯朴雅致、清新自然的艺术特色，是中国传统与生活用品结合的典型范例。通过大量的图片、实物欣赏，让学生掌握青花瓷、青花盘在内容、色彩、形式上的特色，能理解和运用视觉语言，共同介入信息的交流，共享人类文化的资源，并积极参与文化传承，加强对本民族多元文化价值的认识和尊重，形成强烈的民族自豪感和爱国心。

【教学方法】

讲授法、谈话法、讨论法、演示法、比较法、欣赏法、观察法、发现法。

【教学目标】

（1）知识与技能：通过欣赏青花瓷与青花盘作品，了解祖国传统文化的艺术特色，创作一幅主题青花盘作品。

（2）过程与方法：通过欣赏、探究、归纳总结等。

（3）情感态度与价值观：通过学习活动，培养学生对青花盘的认识和欣赏能力，引导学生在小组合作中探索交流，感受美术与生活的美，提高审美能力，激发学生对祖国传统文化艺术的热爱之情。

【教学准备】

（1）学生准备：纸张、蓝色大头笔。

（2）教师准备：教学PPT、图片等。

【教学重点】

让学生学习青花特点，引导学生创作青花瓶，以夸张变化的手法进行联想、创作。

【教学难点】

创造性地运用点面色等造型元素将想象和感受表现出来。

开展探究式青花线描教学

第五章

【教学课时】

1课时。

【教学过程】

1. 激情导入，探索新知

（1）边看边想。（请同学们欣赏一段舞蹈，观察舞蹈的背景用到了什么、她们跳的是什么）

（2）看到了什么？你的感受怎样？

（3）游戏：我画你做。（老师画线条你来做动作，像舞蹈一样用你的身体来表达线的变化，增加学生对线的体验和兴趣。今天老师带你们走进"青花"课堂，上节课学习画青花瓶，这节课我们学习画青花盘）。

2. 合作探究，导学铺引

（1）我欣赏：顺治青花盘。

请同学认真地观察这青花盘里面画了什么。诗配画：一片叶子旁边写下两句诗："梧桐一叶落，天下尽知秋"。

同学们还知道哪些有关青花盘的诗词？

（2）我了解。

① 人间瑰宝——青花盘。

唐代出现，元代成熟。

白瓷上描绘蓝花。

其瓷，胎骨滑腻，晶莹柔润。

其花，清新明丽，幽静雅致。

其釉，光亮洁净，白中泛青。

其色，青翠欲滴，永久不褪。

白色的胎体上用钴的氧化物绘制，再罩上釉，经过1300℃高温烧制而成。

② 找规律。

均齐式：运用对称、辐射、回旋等，是一种对称的构图形式，即上下或左右两部分纹样相同。

平衡式：是一种比较自由的构图形式，即上下或左右两部分纹样不同。

（3）我发现。

① 均齐式：简单型、复杂型花纹样式。

② 平衡式：随意编排构成，是最能够施展创意的构图形式，主体物突出，构图自由舒服。

3. 教师示范

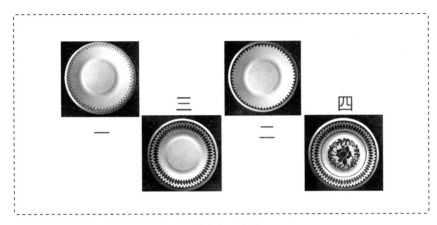

跟着老师一起做

4. 小组讨论

你们想画一组什么主题的画？看看同伴的作品。

主题一：重复的、有规律的花纹。

主题二：孙悟空主题。

主题三：风景主题。

主题四：京剧人物主题。

主题五：校园八节。

5. 学生创作，教师指导

创作要求：

（1）运用点、线、面的绘画手法设计描绘一个均齐式或平衡式的青花盘。

（2）要求：线条流畅、疏密有序、布局合理，主题突出。

（3）音乐起，手即起；音乐停，手即停。

6. 展示与评价

自评：谁说说自己的画？

互评：你喜欢谁的画？

开展探究式青花线描教学

第五章

7. 课外延伸小结

随着社会的进一步发展，盘子制作无论从色彩还是造型上，都变得更加丰富，既可以作为日常用品，又可以作为装饰品，我希望同学们能用今天学到的本领去装饰和美化我们的生活，让我们的生活变得更加丰富多彩。

用自己的作品来布置教室，启发学生学以致用，培养学生热爱生活的情趣，让学生知道美要我们自己去创造！

【教学总结】

"纸上青花——青花盘"这一课的执教对我来说，又是一次新的挑战。我打破了传统的形式，与语文、音乐学科打通，用欣赏舞蹈的形式导入，引导学生学习诗配画等。对于四年级的学生而言，他们易于接受生动的画面、活泼的色彩，而青花盘却始终以单一的蓝色调作为盘面的装饰纹样的色彩。怎样让学生接受这种单一、和谐的美感，是本课教学成功的关键。因此，我课前充分准备图片和实物的资料，努力营造出一定的教学情境，让学生能走进蓝白的世界中，用淳朴、清新的美打动学生的心灵，有助于学生更好地融入课堂教学的各环节中，达到启迪思维、发展创造的目的。

在本课的教学中，我在学生画之前展示了大量事先在纸盘上画的不同题材的青花盘，激发了学生强烈的创作欲望。引导学生运用点、线、面笔触，把它们变成一种属于自己的艺术符号表现出来。学生在合作、触摸、尝试、体验的同时能够积极地激发情趣，思维的积极性和独特性也在这里充分得到了体验。

最后，引导学生用自己的作品来布置教室、墙壁、房间，培养学生热爱生活的情趣，让学生知道美要我们自己去创造！这样不但提高了学生对作品的感受能力，还对学生的创造性思维及审美能力都有了些许的提高。

第六章

青花线描与国画的融合探究

一、线描对儿童的关键作用

（一）儿童线描的天性

线描是人类文明最原始的表达方式，以其工具简单、造型简洁而广受欢迎。德国艺术家保罗克利有句名言："用一根线条去散步。"道出了线条的本质在于它的情感意味、趣味。线描作为绘画形式中最简便、最直接用于表现形象的绘画手段，运用点、线、面的有机结合，形成不同的疏密变化和不同的画面效果，给人以不同于一般绘画的特殊视觉美感。线描的黑白关系，具有含蓄、清秀、夸张等特点，儿童线描画更是以其低难度、象征性、装饰性、游戏性等受到孩子们的喜爱。

在孩子眼中，每一根线条都充满了生命。他们看到一条直线，会说那是一根长长的手指头；看到一条弯弯的线，会说那是妈妈卷卷的头发。线条是最幼稚的造型词语，所有孩子的第一笔都是由线条来表现的。线描活动不但可以培养幼儿的绘画兴趣，还可以培养幼儿的观察力、表现力、想象力和创造力。陶行知曾指出："让幼儿在动手的过程中发挥自己的创造力。"儿童从涂鸦开始，就会运用线条这一古老而又神秘的绘画语言来让身边的人了解和关注自己。可以说，线条是儿童绘画的基础，是儿童情感最直接的表达方式。儿童拿笔在纸上不受约束地涂鸦，画面上就会出现很多让大人可能无法理解的独特图案，这些独特图案却给孩子带来了无穷的快乐。线条独特的表现力不仅得到了孩子的喜爱，也得到了许多教育工作者的关注。

儿童线描画简单地说是用不同的笔和纸，通过点、线、面来表现事物形象的一种儿童绘画形式。表现形式有两种，即装饰线描画与写生线描画。多项研究证明，儿童线描画是学生情趣、思想、内在潜能的表现方式之一，是思维活动的一种真实记载。儿童具有很强的创造潜能，而儿童线描画教学能够唤醒儿童创造的潜能。随着学生对线描画兴趣的增长和绘画经验的不断积累，对绘画的积极性不断增强，对自己充满了信心，从开始的不知怎样画变得敢想敢画、乐于画。许多学生在线描画过程中思维活跃、落笔大胆，能充分利用线条画出自己的想法，整个画面充满了独特的个性美。通过线描画的教学，学生的其他能力也得到了提高，平时言语较少的学生变得开朗活泼，积极与同伴、老师交流，发表自己的意见。还有一些学生做事变得细心，对画画的兴趣变得浓厚，逐步掌握线描画及其特征，克服对绘画的畏惧。

（二）儿童图式期的线描培养

儿童绘画分为涂鸦期、象征期、图式期和观察期。在儿童发展心理学中，图式的意义是表示认知结构，是智能的组织形态。这种组织形态从低级到高级不断地发展变化，形成不同水平的发展模式。把握这一阶段儿童绘画发展特点的关键，在于理解儿童图式画所蕴含的特殊的语义概念，所以又把图式期叫作概念期。按年龄划分，图式期主要是小学阶段。6岁至八九岁儿童的作画兴趣渐浓，已能按自己的意思把物象的形态用最容易说明的方法表现出来，并予以图式化。他们通常以线条为描绘物体形象的主要手段，以自我为中心观察现实生活，画自己所知。喜欢将自己感觉到的、发现的有趣事物加以强调和夸张，特点有拟人化（儿童把无生命的物体或有生命的动植物画得和人一样）、透明化（儿童在绘画表现时，总认为凡是客观存在的东西，都必须把它们画出来）、夸张式（儿童在绘画中常常不自觉地把自己关心的事物、认为重要的事物画得很突出）以及展开式（儿童从不同角度观察到的事物在同一个画面上表现出来的绘画现象）。

图式期是儿童绘画成长发展必须经历的阶段，是每个人都无法避免的。这一时期处于儿童绘画的过渡时期，抓住这一时期儿童成长及绘画的特点，将线描画的学习融入儿童的美术教育中，帮助儿童提高对绘画的兴趣，很好地度过这一过渡阶段。保罗克利说："一条线条可以成为一幅画中的重要因素之一，它可以有它自己的一种生命，一种表现力，以及它自己的个性。"线条是对于儿童来说最简单，但可以引发儿童很多想象和成长的绘画。在已有的图式期儿童绘画特点的基础上，通过一系列有步骤的教学活动，学生掌握一定的线描画绘画技巧和基础知识，提高审美意识与创造思维，增长知识，发展身心，开发智力，促进儿童知、情、意、趣与良好品质的形成。

儿童绘画是在表达儿童内心所想、所向往的景物事件，是儿童个性和情感的反映。儿童的绘画是独具创造性的。毕加索曾说："我一生都在向儿童学习绘画。"儿童绘画不应在绘画技巧上限制太多，否则会影响儿童表达创作的欲望。儿童的绘画是天真烂漫、充满想象的。

（三）学习国画线描的重要性

随着全面恢复中国传统文化的提出，中共中央办公厅、国务院办公厅印发了《关于实施中华优秀传统文化传承发展工程的意见》，明确了实施中华优秀传统文化传承发展工程是建设社会主义文化强国的重大战略任务，对于传承中华文脉、全面提升人民群众文化素养、维护国家文化安全、增强国家文化软实力、推进国家治理体系和治理能力现代化，具有重要意义。一时间，校园内外国学蓬勃兴起，书法、国画等学科强势回归，进入普通大众的视野之中。国画是典型的中国传统民族文化，是最具民族特色的表现手法，在中国的美术学科中占据重要地位。小学国画教学不仅能够帮助小学生全面健康地发展，还是传承与发扬传统民族文化的重要组成部分。"美术学科核心素养提出了五个方面的要求，即图像识读、美术表现、审美判断、创意实践和文化理解。"这个核心素养是培养学生文化素养的重要渠道，而国画教学作为美术学科的重要组成部分，在培养学生传统文化素养方面就显得尤其重要。而在国画教学中，线描是重中之重。

"落墨幽芳青花雅"教学案例

【教材分析】

瓷器是中国古代的伟大发明之一。瓷器在技术和艺术上的成就，为我国赢得了"瓷器之国"的盛誉。其中，青花瓷堪称"人间瑰宝"。这种瓷器在洁白的瓷体上辅以蓝色的纹饰，蓝白相映，怡然成趣，素雅清新，充满活力。本课选择了有代表性的青花瓷作为学习内容，让学生对青花瓷文化有所了解，感受青花瓷的造型与纹饰之美，提高审美修养。

本课属于"造型表现"学习领域，学习内容分两个侧重点：第一部分侧重于赏析青花瓷；第二部分侧重于技法表现，通过欣赏学习方法让学生对青花瓷纹饰进行临摹、创作，了解青花器型、纹饰特征，领悟其文化内涵。

【教学目标】

（1）感受青花瓷上绘画的工艺美。

（2）用中国水墨画语言表现青花瓷作品的主题画。

（3）初步掌握青花瓷瓶的造型、图案设计运用，感受传统艺术的魅力。

（4）激发学生对中国瓷器艺术的爱护，认识中国水墨画与青花瓷上绘画的异曲同工之妙。

【教学重难点】

理解主纹和辅纹在青花瓷装饰中的运用，利用点、线、面设计纹饰并装饰在青花瓷瓶上。

【教法学法】

（1）创设情境，注重让学生在广泛的文化情境中学习美术，在欣赏、创造青花瓷的过程中，受到传统文化熏陶，拓宽学生创作的思路。

（2）突出学生在学习中的主体地位，让他们在讨论、合作、交流中参与对青花瓷形象的创造。

（3）体现美术活动趣味性，让学生在想象创作的过程中，提高学生对青花瓷的认识和感受，以饱满的热情参与活动并进行持久学习。

【教学准备】

国画专用卡纸、中国画颜料、毛笔、墨水等。

【教学过程】

（1）歌曲导入，聆听中国风音乐《青花瓷》，感受歌词"素胚勾勒、瓶身描绘、釉色渲染"描绘的青花瓷上绘画的工艺美，了解青花瓷上绘画与中国水墨画密不可分的关系。

（2）初步了解青花瓷。

青花瓷器皿

　　展示器皿图片，问：图中哪件瓷器是青花瓷？你是怎样分辨出它的？它有什么特征？

　　总结：青花瓷，又称白地青花瓷，常简称青花，是中国瓷器的主流品种之一。青花瓷是以含氧化钴的钴矿为原料，在陶瓷坯体上描绘纹饰，再罩上一层透明釉，经高温烧制而成。

　　器型认识：欣赏展示的历代青花瓷器型代表，说一说你喜欢的瓷器的年代、器型和纹饰图案。

　　总结：可以看出，青花瓷的器型很多，有罐、碗、瓶、壶、杯、盘、盒等，都与我们的生活息息相关。

　　观察瓷器的图案，想想图案颜色、线条的特点，找找瓷器上不同类型的图案，它们分别在瓷器的什么部位。

　　总结青花瓷特点。

　　颜色：白底蓝花单色，清丽雅致。

　　线条：有粗有细，粗细结合。

　　图案：有排列有序的连续纹样，有突出主题的单独纹样。

　　位置：连续性的纹样多出现在瓷器颈、口、底的部位；单独纹样多出现在瓷器肚的部位。

　　（3）纹样学习：什么叫连续排列的图案？是哪一个基本图形在连续排

青花线描与国画的融合探究

第六章

列？（每组请一名学生上来画一画）

古人喜欢用哪些图案来排列？（波浪、卷草纹、回纹、变体莲瓣、钱纹、如意云头、菱形、蕉叶……）

这些连续排列的图案我们可以把它安排在口、颈、底边的位置，那么同学们思考一下，瓶身就这么大块的地方，我们可以用哪种图案设计？（点、线、块及基本形的组合）

动物（龙纹、孔雀纹、鱼藻纹、麒麟纹、鸳鸯卧莲纹、鹿纹、凤纹、海马纹……）、植物（菊花纹、牡丹花纹、莲花纹、月梅纹、松竹梅纹……）、人物故事、景物等。

（4）构图练习，在长方形的条幅纸上构思青花瓷主题的国画作品，注意画面整体墨色和青色的布局，注意画面中点、线、面的合理安排。

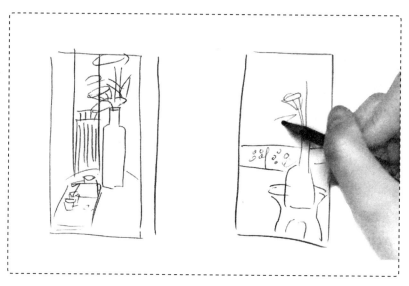

构图练习

（5）创作国画作品，画面凸显青花色，以墨色为主，黑色注意浓重淡清以衬托青花色的雅致。

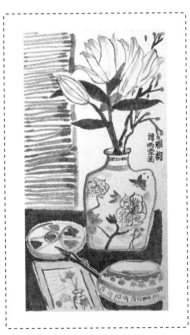

国画作品（一）

青花线描与国画的融合探究

第六章

55

国画作品（二）

老师有话

　　青花瓶上的绘画本身就是一幅水墨酣畅淋漓的中国画，以青花瓶入画，画面清新雅致，创作前要注意构图布局安排，点、线、面的构成让画面更有形式美感，学生可以结合自己学过的中国花卉添加入画，题款盖章，作品就更加完整了！

二、中国画中的"以线造型"

（一）线描在中国画中的地位

英国美术批评家罗杰·弗莱曾写道："中国艺术首先引人注目的是在其中占首位的线的节奏，我们注意到这种线的节奏总是具有流动和连续的特征，这真可以说是一种用手画出舞蹈的曲线。"由此可见，线描的流动、节奏表现了线描的特别美感。作为中国传统绘画的主要表现形式之一，线描在中国画教学中占有举足轻重的地位。可以说，中国画线描教学不仅是训练造型能力的基本形式之一，还贯穿着整个中国画教学。中国画线描不仅是学生造型基本功的体现，也是整个画面的骨骼。因此，在中国画线描教学中，不仅要让学生认识到线条自身独特的美，还要始终树立以线造型的意识，最大限度地发挥线条的表现力。

中国画是用毛笔及其所画出的线条去塑造形体、营造画面的，线条本身既是用来造型又是用来表意的，具有一种独特的审美价值。在中国画里，不同的线条风格具有不同的美，不同的画家由于自身艺术气质、审美情趣以及表现物象的不同，所画出来的线描也是不同的，如我们常讲的"吴带当风""曹衣出水"等，即是对画家不同用线风格的形象比喻。此外，画家在画山水、花鸟或者在表现梅、兰、竹、菊等不同物象时就用不同的线条描写出来。中国传统人物画为表现不同的衣服质感而创作出的"十八描"，也以多样化的表现形式，形成了其自身独特的风格之美。

以线造型是人类最古老的绘画方法，也是中国画特有的造型方式。中国画线描教学自始至终都要把握以线造型。可以说，在中国画的教学当中，尤其是线描写生教学，对以线造型的认识程度和表达力度的好坏，不仅关系到写生过程中学生对线条的运用，还决定着整个画面的成败。

（二）儿童线描画教学的优势

在儿童线描画中，线是结构，线是骨骼，"形依线而立，色依线而明，神因线而传"。

在大自然中，到处可以看见线条组合对比产生的美。潺潺流动的水波中点缀的小蝌蚪像五线谱上的音符；屋檐的角落里蜘蛛结的一张神奇的蜘蛛网……无一不带给人们美的感受。那么，怎么表现这些美好的事物呢？答案就是——观察。心理学认为，良好的观察能力是在实践中通过训练而获得的。儿童绘画能力的高低取决于观察力水平的高低。客观的物体并没有线条环绕，但人们可以用线条解释看到的物体，并且每一个人都能看清和弄懂，这就是用线塑造形体的奇妙之处。

线描画教学中一个内容就是用线塑造形体。学生因年龄关系，不可能准确用线描画物件，但可把对象的感觉大概表现出来，这种表现并不是每位学生都能轻而易举地做到的，而是通过不断观察和进行形象思维训练。世间一切物体都有具体的形状，在用线塑造形体之前，必须让学生观察和描述所要表现的物体，观察得越细致，描述就越清楚，塑造也就越容易和准确。通过反复训练，在线的塑造中培养学生的观察能力、思维能力和表现能力。

引导学生学画线描画，不但可以促进他们的形象思维和抽象思维的发展，更重要的是在学习过程中可以提高他们的审美素养，引导他们正确观察事物，善于发现美，大胆表现美，然后将技法形象地、深入浅出地、游戏般地、潜移默化地融汇其中。线描这种教学形式能够使学生学习美术的态度变得主动，自信心增强，思维活跃，各方面素质得到长足发展。

（三）线描教学在美术课堂中存在的问题

1. 片面理解儿童线描画的概念

小学美术课堂中，有些教师片面地认为线条即是线描，儿童线描教学也仅仅是一个基础绘画技法的教学，并以单一的线条为绘画语言，并不引导学生将点、线、面结合起来运用到画面创作中，学生学习过程中思维易僵化，精神易倦怠。

2. 过分注重儿童线描画的临摹

临摹能够快速有效地提高绘画技能和水平，但因过于重视临摹而忽视线描本身个性灵活的特点，反而会束缚学生的创作思维和个性张扬，制约学生绘画技能的创新，从而导致作业出现雷同。

3. 忽视儿童心理发展的规律

大部分美术教师由于缺乏对儿童心理结构和绘画特征的深刻认识，在线描教学中不考虑儿童的年龄特点和绘画时的内心感受，这不符合儿童的身心发展规律。

4. 相对单一的评价机制

许多家长和教师易以自己的主观意识对学生的作品做出"像不像""好不好"的片面判断，导致学生怕画错、怕画不像，从而打击了学生的自信心，误导了学生的审美观，降低了学生学习绘画的兴趣，长此以往，更让学生的思维变得拘谨狭隘。

（四）小学阶段儿童线描教学的实施策略与方法

儿童线描教学应分年段、有条理地进行。

第一阶段（一、二年级）：这一阶段教师要鼓励学生大胆用笔，随心而动，感受丰富多样的线条与点面结合所带来的不同美感，体会绘画的乐趣。例如，教师可以鼓励学生画出自己感兴趣的线条并取名字，如一上一下有尖角的叫"锯齿线"，像水波一样流淌的叫"波浪线"，像电话绳一样的叫"弹簧线"，像波板糖一样的叫"螺旋线"，像长城一样的叫"城墙线"……之后，教师又引导学生观察并发现生活中的线，如牛仔裤上的线、球网交叉的线、灯带连接的线、电线杆上的线等，这些有趣的名字和标志性的物品可以让学生快速记住各种样式的线。

第二阶段（三、四年级）：这一阶段教师应引导学生将点、线、面结合起来，装饰在已有图案上，在掌握线描基本功的基础上对学生进行美感的训练，让学生不仅能用线描的方式画画，还能明白为什么要这样画、怎样画才更好看。教师还要引导学生不要受限于事物已有的外形，不要怕画错，不要觉得画得不够像，要放开手去画，指引学生在保持对美术兴趣的同时轻松地过渡到写实期，这将更有利于培养学生的创造能力和造型能力。

第三阶段（五、六年级）：高年级学生已经具备了一定的造型和观察能力，线描画学习也达到了一定层次，教师可以在课堂教学中让他们尝试写生练习，这有利于增强学生的感受力和表现力。教师还可以将国画、漫画、版画等内容贯穿于教学中，以提高学生的综合绘画水平。

例如，要求学生用线条表现人物特点的人物写生课，教师首先引领学生欣赏各类大师的白描作品，让他们感受不同线条的长短、粗细、曲直、疏密等变化带来的韵律感和节奏美。接着，引导学生从不同角度观察同桌，从整体到局部，从面部特征到肢体动态，层层深入，再利用线的穿插、遮挡、叠加等多种变化将人物表现出来。教学过程中，教师需提醒学生先观察再下

青花线描与国画的融合探究　第六章

笔，用线要大胆、流畅，创作出别具一格的作品。为了延续学生对线描画的兴致，教师可以增加绘画材料的种类和表现形式，如用荧光笔在黑色卡纸上画，或者用牙签在刮画纸上创作。

（五）儿童线描教学应注重教学设计策略

1."由观察到表现"的基础策略

在儿童线描画教学中，教师应让学生欣赏有质有量的线描作品，帮助学生积累视觉经验，同时还要引导学生观察日常生活中的线条。学生通过对物体外形、质感、结构等外部特征的观察，了解其造型，再运用点、线、面将物象呈现在画纸上，能为写生阶段的学习打下基础。

2."由思考到创作"的构思策略

（1）写生阶段。

写生教学是儿童线描教学的重要内容，即运用点、线、面的排列组合方式将生活中常见的人物、静物（书包、鞋子、水壶等）和风景（花坛里的花、学校里的建筑等）表现出来。教学过程中，教师应引导学生用流畅、肯定的线条概括出事物的主要特征，再辅以其他元素，抓全、抓牢事物的细节，利用学生的观察能力推动主观绘画能力，提升学生的耐心和细心，为创作阶段的教学打下基础。

（2）创作阶段。

线描创作对发散学生的思维、张扬其个性有着不可替代的作用。教学过程中，学生可以通过讨论交流找到创作主题，也可以留意生活，选择身边感兴趣的题材来创作。教师应引导他们发散思维，主动构图，选择性绘画，利用多种形式的绘画材料和技法进行个性化创作。这能够激发学生的想象力，促进学生的多元发展。

3."由单一到多元"的评价策略

每位学生的线描创作都承载着自己的情感表达和个性特点，线描装饰画和线描写生画的评价方式也不是完全相同的，教师不能简单地用"像不像""好不好"来评价学生的作品。

综上所述，小学阶段的儿童线描画教学应分阶段进行。教师要重视教学设计策略，通过多元设计培养学生的自信心，激发学生的创造潜能，提高学生的审美能力和综合素养，让线描画成为学生抒发生活中所见、所闻、所想的有效方式。

<h2 align="center">"青花印痕"教学案例</h2>

【教学目标】

（1）感受青花图案艺术的形式美感、纹样的重复美、蓝白颜色的简洁美。

（2）用橡皮章的创意形式表达青花图案的重复美与简洁美。

（3）学习橡皮章制作的方法，并应用于书签设计或其他物品的图案设计中。

（4）了解中国印章的起源及其功能，通过从实用印章到篆刻艺术的发展演变来认识印章的实用价值与艺术价值的统一。

（5）了解印章使用方法的变迁，熟悉古代印章的不同品种类别及其名称、用途。

（6）初步认识印章艺术的审美原理与审美依据，为以后的技巧训练和欣赏体验打下基础。

【教学准备】

橡皮章刻刀、蓝色印泥、白色卡纸、剪刀、铅笔。

【教学过程】

（1）欣赏青花作品，探究青花图案的重复美和简洁美。

欣赏各种印章。

泥封印：印文笔画或残缺断续，或与边栏相连，与自然残缺的边框相映成趣，古朴、浑厚。

汉印"东郡守承"：白文满布，大气雄壮，浑厚古朴，方中有圆，圆中愚方。

汉印"淮阳王玺"：工整端庄，"奇"寓其中，神形相宜，铁笔生辉。

印章的起源及其演变，概括介绍印章的起源与功能、性质，以及从实用印章到篆刻艺术的转换。

印章的使用方法及种类，介绍古代印章使用方法的发展，以及古代印章的不同品种类别。

印章的审美特点，简要介绍实用印章的审美价值及其来源，这是构成篆刻艺术审美原理与技法原则的基础和依据。

（2）选择小小的橡皮章来创意青花图案，学习橡皮章的制作方法。

① 可选择长方形2cm×5cm或正方形约5cm×5cm的印章专用橡皮，用铅笔画出花纹，可以是单个几何纹样或者花卉、动物纹样。

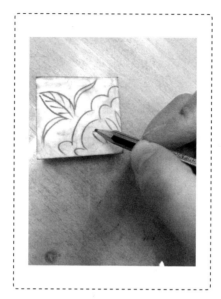

用铅笔画出花纹

② 阴刻或阳刻的方法，刻出设计好的花纹，注意道具使用安全。

刻出设计好的花纹

③ 用白色卡纸剪出不同的形状（书签或其他待装饰的物品形状）。

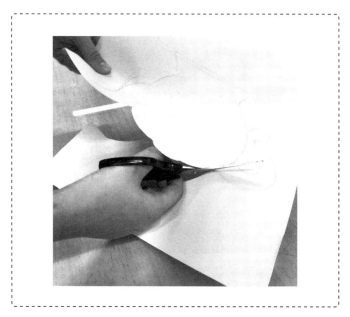

剪卡纸

④ 印制花纹，可以根据一定的排列规律来创作花纹，如"二方连续"、对称、旋转排列等。

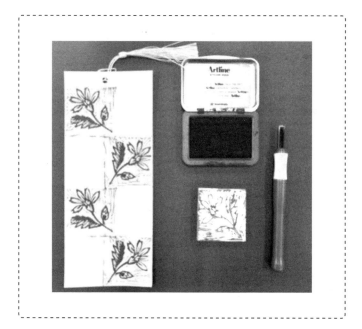

印制花纹（一）

青花线描与国画的融合探究

第六章

印制作品（一）

印制作品（二）

青花线描与国画的融合探究　第六章

老师有话

橡皮章能重复印制，非常适合用来表达青花纹样的重复美与简洁美，橡皮章的大小可以根据图案需求来确定，掌握了方法后可选择较大的橡皮章创作更加精美复杂的纹样。青花橡皮章的实际运用价值很广，还可以用丙烯颜料印制在纺织品、日用品上，如包包、服饰、鞋帽等。

三、青花线描与国画融合探究的教学模式

（一）青花线描与国画融合的教学形式

1. 选择学生喜闻乐见的题材激发创作欲望

线描活动看似简单，但是对学生来说还是有一定的难度，要注意线条粗细搭配、色块结合，这样的画面才会非常美丽。可是，有的学生很难掌握，他们就会对线描活动失去兴趣。正如陶行知先生所说："要让孩子在玩中学，学中玩。"教师应从孩子感兴趣的事出发，来设计线描活动。

选择的教育内容要贴近幼儿的生活。青花线描和国画融合的内容选择来源于学生日常接触的事物以及写生。"外师造化，中得心源。"唐代画家张璪最早明确提出要以自然界的山水为老师，从中形成自己的绘画风格，领悟到绘画的真谛。写生从古至今都是学习中国画的重要途径。要持续提高学生的兴趣，就必须选择一些与他们生活密切联系的事物或者现象作为他们的学习内容。通过写生，观察自然物象，从中积累素材，经过加工创造形成自己的绘画语言。活动中，学生能体会到线描活动带来的乐趣，发现原来普通的一支笔能画出这么美的图案，感受到了线描活动带来的美，更能提高学生的

造型能力与表现能力。小学生写生对象的选择有很多，可以画校园等地熟悉的风景，也可以画美丽的花卉等静物，或者是爸爸妈妈、老师、同学等熟悉的人物。写生不仅让学生感受到自然的美，更为他们的创作提供了丰富的素材，让美的灵感注入他们的绘画中。同样一件事物，通过观察写生，每个人的感受是不同的，画的画就丰富多彩。这样在绘画活动中，逐步培养学生的观察力和感受力。加强学生写生的目的，不仅是培养他们细心观察的习惯，提高他们的造型能力，更是发展学生创造性思维的源泉。

2. 采用丰富的作画材料，鼓励学生大胆地创作

陶行知先生曾经指出，培养孩子创造力的基本方法是"解放孩子的头脑、双手、眼睛、嘴巴、空间、时间"。因此，教师为学生的线描活动提供了丰富的材料，让学生多动手、多动脑，鼓励他们大胆地创造，发挥他们的想象力和创造力。

说到画画，首先想到的肯定是在纸上画，其实并不是这样的，有的作品在其他材料上展现的效果会更好。在纸上的画缺乏立体感，可能我们需要的感觉不能很好地表现出来。生活为我们提供了各种各样的材料，只要有心发现，所有的材料都可以创作出各种各样的作品。于是，为了让作品更加生动、惟妙惟肖，我们会运用多种材料来丰富线描活动，比如画在瓶子上、扇子上等，从而鼓励学生大胆创作。"教无定法，贵在得法。"只要学生初步了解基础知识，不一定要被笔墨技术难度所束缚。教师积极倡导学生尝试各种绘画形式对事物物象进行表现，让学生积极体验材料带来的异样视觉效果，丰富主题内容与形式，增加学习的趣味性、综合的多样性。创造的神奇让学生的作品发出璀璨的光芒，从客观上培养了学生的自豪感，也能提高其绘画热情，更能促进学生的主动学习意识。

3. 游戏体验，玩中学画

美国"教育之父"福禄贝尔的教育观点是："让学生在玩中学，在游戏中学习成长，这是刺激和培育感情的火车头，这是发展的智慧和培育创新精神的桥梁，也是知识积累和升华的河道。"结合这样的思想，如何将低年级的中国画教学以"玩"或者是"游戏"为教学活动载体，让学生在轻松的美术课堂中学习中国画，掌握国画技法，开发国画学习对学生智力、情商的培养，同时还有培养学生对中国画的兴趣，是教师首要考虑的问题之一。

学生对新鲜事物总是充满了好奇心,在介绍完中国画的基本工具之后,让学生轻松进行"跑线条"游戏,也就是让学生自由地在宣纸上用水与墨无意识、无主题地画,使其产生国画水墨交融的效果。学生在这么轻松的教学活动中,极大地展现出对国画的学习兴趣及热情。国画式的涂鸦让学生尽显儿童的玩耍乐趣。这样的教学既符合低学龄儿童的认知过程,又使课堂变得生机盎然。活动之后,教师适当引导学生进行观察并有效提问:水和墨之间是怎样的关系?

"笔竖着拿画出来的线条和侧着拿画出来的线条一样吗?你还发现了中国画工具什么独特的地方?"通过活动,他们很容易发现生宣纸有遇水渗化的特点:水多则墨淡,水少则墨浓,很轻松地理解了"墨分五色"这个概念。也观察到了用笔技巧:笔竖着画线条圆滑,侧着画线条粗糙,从而学习毛笔的正确执笔姿势,学会了中锋、侧锋用笔。并突破性地观察到用笔的轻重、用笔的方向不同,也会产生不同的笔迹。在游戏中自由体验笔墨的特殊效果,愉快地感受水墨游戏的乐趣,更充分理解和感悟水墨画的传统文化气息,在不知不觉中掌握基本的笔墨技巧,这才是教学的真谛——将课堂真正地还给学生。

4. 贴近、轻松学画

传统水墨画的学习模式是从临摹入手,题材多以梅、兰、竹、菊为主。但这样的教学模式较为死板,学生学习的主动性、创造性得不到发展,同时不能适应学生发展的需要。久而久之,学生的学习热情不但不能激发,反而使学生产生厌倦情绪,导致学生丧失学习信心和兴趣。因此,我们设计符合学生的认识规律和心理特征的中国画教学题材,尽量从现实生活贴近学生的生活,让学生在有生活感受的基础上作画。

正所谓"艺术源于生活而高于生活",没有什么方法比让学生对事物进行观察,更能让学生了解事物的本质了。我们可以根据时令来选择题材,如10月画菊、5月画枇杷、春天画春笋、端午画粽子,因为这样能有相应的实物让学生观察外形、色彩、生长情况。通过这样的学习,学生不仅掌握中国画工具的特点,而且了解中国传统活动、传统文化,感受传统文化的魅力。

5. 揣摩欣赏、品味国画

在中国画中，自古到今都崇尚意境。所谓意境，就是通过描绘景物表达思想感情所形成的艺术境界。国画中最难处理的是对意境方面的表达，不仅要有熟练的技法与完美无缺的构图，更要求创作者具有高深的文化艺术修养和道德品质修养。

有的人会质疑，和低年级学生讲意境，学生能明白吗？牛顿说过：“只有站在巨人的肩膀上，我才能看得比别人更远些。”学生从初学就以大师的作品为学习的范本，感受大师创作的心路，无疑对他们进一步感悟中国画有很好的帮助和引领作用。选一些名画给学生欣赏，介绍画家的生平、创作作品时的一些小故事、采用的技法、构图分析，还对作品上的诗、书、印进行一定的解释，让学生通过联想产生共鸣，使他们的思想感情受到感染。经过这样的学习，学生的审美水平得到了提高，创作的作品更富有思想内涵，更有感染力。

“都市青花梦”教学案例

【教学目标】

掌握丙烯画的概念、表现形式及在绘画中的作用，熟悉丙烯画工具材料和表现及对色彩基本常识理解。

学习丙烯颜料在油画布上的绘画技法，表现水墨淋漓的写意青花作品。

设计都市题材的主题青花作品，将青花纹饰的美感融入作品中。

提高学生的美术核心素养，激发学生对青花艺术的热爱。

【教学准备】

20cm×20cm油画、酞青蓝丙烯颜料、水粉笔、酒精。

【教学过程】

（1）欣赏和分析传统青花瓷器中青花纹的题材，多为花草纹、几何纹、动物、山水、花卉等传统题材。

青花线描与国画的融合探究　第六章

青花纹欣赏

　　（2）构思都市题材的主题青花作品，选定为中国的各大城市，每个城市的主要标志性建筑和传统的青花纹饰相结合。

城市建筑物（一）

71

青花线描与国画的融合探究

第六章

城市建筑物（二）

（3）在油画框上绘制作品，先将丙烯颜料用水进行稀释，使其在油画布上的绘画更加流畅。然后勾勒青花和建筑，点线面相结合。画出图案后，在需要虚化的地方喷上酒精，做出肌理效果。

绘制青花（一）

绘制青花（二）

（4）作品晾干后可以作为装饰画，后续可以创作更多的城市主题作品。

版画作品

老师有话

传统的青花纹饰简洁有秩序美，题材主要是花卉、动物、山水等。可以发掘一些现代题材，把都市建筑的现代美用青花的语言表示出来。传统与现代的碰撞，用丙烯颜料加酒精创作出的肌理感，有一种水墨淋漓的效果，是一个大胆的创新尝试，让青花绽放新的光彩。

（二）青花线描与国画融合的趣味化教学

1. 传统国画教学的知识传授模式对创新能力发展的桎梏

在以往的国画教学中，教师对学生的年龄特征往往关注不够，更多时候是在以成人化的模式实施教学活动。这种笼统化的教学活动的开展常常会削弱学生学习国画艺术的兴趣，妨碍学生思维的开发和艺术创作力的发展。导致这些问题的因素主要有三个：一是教师传授经典艺术的动力不足，对其中蕴含的艺术教育价值认识不够，缺乏必备的基础性美术专业理论和较高的美术技法修养。一些教师虽然认识到国画作品中饱含着历史文化精髓和艺术前辈的智慧，但又片面地认为这些太过复杂、高深，并不适合学生。还有一些教师原本就不具备较高的美术专业素养和绘画技巧，不能以良好的精神面貌对学生实施国画教学，继而以简单化的美术课程内容替代国画教学。二是刻板化的教学模式影响了国画教学的高效进行。这表现为在具体教学中，教师往往以长期的临摹教学为主要项目，过分强调学生在临摹方面的发展。这种过度的专业化训练，很可能使学生体验到明显的挫败感和自卑感，长此以往，对国画学习的兴趣和信心必然会降低。因此，在"现代新型美术教学"的开展中，教师一定要构建起有针对性的教学体系，采用与学生心理认知相适应的教学方式，要注重因势利导和因人而异，要以激发学生对艺术学习、艺术创作的热情和兴趣为核心展开教学。三是国画艺术学习、创作所涉及的专门工具的运用，在一定程度上影响了学生参与相关教学的积极性。国画作画过程会涉及文房四宝的运用和对作画空间、设施的要求。然而，当下完全具备基本的国画绘制工具和专项实体学习空间的小学、幼儿园并不是很多，这就导致了学习过程不易顺畅、到位。必备的硬件条件是高效化、趣味化教学的前提——要想保证"战斗"的成功，就需要有完备的"武器"。

2. 青花线描融合国画教学的趣味化实现的策略和路径

（1）利用游戏导入，激发学生学习国画的兴趣。

艺术和游戏是想象力与创作力的体现，也是培养创作力和想象力最好的方式。在游戏和艺术当中，不强调逻辑和任何形式的必然性，没有固定的标准或唯一的答案。有专业人士认为，游戏和艺术在本质上是相同的，儿童的那种带有模拟性质的游戏，实际上就是儿童自发的艺术活动，在理论上无论如何也不可能把这种儿童游戏和莎士比亚的戏剧划分开。

我们还必须注意到这个事实：并非所有学生都天生喜欢数学，但是几乎每位学生都天生喜欢艺术。他们天生就喜欢涂抹颜色，喜欢模仿，热爱音乐舞蹈，他们在这些活动中觉得幸福、愉快。学生对艺术的爱好不是出于任何世俗目的，不是为了接受某种道德教化或是意识形态，不是为了虚荣心的满足，更不是为了商业目的。因此，对学生采用游戏式的方法进行艺术教育，往往会达到事半功倍的效果。教师在教学形式上的轻松、活泼，常常会使学生更多、更容易地在学习中收获知识与快乐。兴趣是热情的支撑者，它的存在会使内心的乐趣持续高涨。在学生参与教学、教师为学生讲解美术知识和作画技法的过程中，学生往往会因初次接触文房四宝而感到新奇和陌生。如果采用通常的刻板化教学方式，让学生一味被动地临摹教师提供的作品，就可能使学生感到乏味，甚至厌倦。长此以往，学生参与国画教学的兴趣就会降低，在国画学习、创作方面的发展就不容易取得理想成效。相反，此时如果在宣纸上点画上一笔，引导学生自主联想，确定主要内容（如向日葵花、月亮、小草等），给予适当点拨，并鼓励其大胆进行试笔，效果就会大有不同了。再如，京剧中不同经典人物的脸谱，也可拿来作为学生进行国画绘制的参考素材。教师可以鼓励学生从中选取最感兴趣的脸谱作为创作素材，这既能调动其艺术创作的热情，也能在一定程度上保证画作完成后的美感。又如，以鱼儿为参考素材，教师可以先向学生介绍鱼儿的基本样貌，然后进行点拨性的示范，让学生掌握用笔的技巧，继而鼓励学生说出有关鱼儿的词汇或表述以鱼儿为主要内容的趣味性故事（如鲤鱼跳龙门、沉鱼落雁等），为学生播放相关短视频，促进学生对不同的鱼儿有更全面的了解，并鼓励学生在观看中进行试笔……如此趣味化的教学过程，一定能够很好地浓厚化和趣味化课堂氛围。学生在轻松、自由的氛围中掌握了知识，发挥了自身潜能，不仅在绘画能力方面有所提升，更会在艺术创作的兴趣上和继续参与美术教学的信心上有所长进。在习作中，学生的大胆联想和思维的充分拓展，会帮助其更深切地感受到我国传统国画的独特魅力。

（2）引入生活内容，扩展学生表现的对象和范围。

在儿童水墨画教学中，传统做法不外乎临摹、写生、创作三合一（这是被历代画家实践证明的一条行之有效的教学模式），内容也不外乎常规的花鸟、山水等，并通常以传统的单墨进行。在选择学生国画的教学内容时，扩展学生画作表现的内容是十分重要的。选择符合学生心理特征，贴近其生活的内容和题材，才能让学生感到亲切，也更容易产生兴趣，因为如此作画就像是在描绘自己的生活一样。同时，这对于学生观察能力和创作思维的训练都有益处。这时候，教师如果能结合绘画过程讲解用笔、用墨、用色和水分掌控的相关知识与技巧，一定能够非常有效地提升学生绘画的综合能力。

（3）重视过程性辅导，助力学生兴趣的增强和自信的树立。

在对学生进行辅导时，教师应利用多种手段来丰富教学内容，使学生的动脑能力与动手能力都得到锻炼。例如在教学中，可以给予学生点拨性的示范，鼓励学生进行试笔、拓展思维等，并为学生的画作进行装裱和展示，使其学习兴趣得到持久保持。学生在进行国画练习时，教师应对其练习给予全过程的观察和指导，在此期间不能随心所欲地观察，也不可进行过多的指导，以免影响其创作思路的拓展和艺术情感的提升，一定要结合具体情况给予适当的点拨。倘若有学生表现出信心不足、无从下笔的状态，教师就要施以十足的耐心、细节化的指导。然后教师对其作品的延展做出合理的点拨，甚至亲自执笔点拨也未尝不可。这些对学生创作思路的丰富、艺术性的改进都会大有裨益。最后，教师可以为学生选取一张最好的作品进行装裱，使学生能够看到自己艺术创作能力的长进，提升其继续参与国画教学的信心。如果能够将学生的习作保留，过一个阶段，前后比照着展示和反思，一定会让学生实实在在感受到自己的进步，而这种满满的成就感、获得感一定会激励学生坚定地继续学下去。

"当青花遇到扇子"教学案例

【教学目标】

（1）欣赏青花瓷的造型美与纹样美以及中国团扇画的构图美。

（2）学习在扇面上用毛笔和中国画颜料创作，表现青花主题作品与纹饰。

（3）学生能用小小的扇面画表现青花的素雅，表达情感和传递祝福，提高学生的文化理解素养。

【教学准备】

纸扇子、中国画颜料、墨水、毛笔。

【教学过程】

（1）欣赏青花瓷的造型美和纹样美以及中国团扇画的构图美。

欣赏纹样美和构图美

（2）讨论扇子画的构图方式：一面画青花纹饰，一面作中国画；用中国画的酞青蓝颜色表现青花的纹饰，构图上注意对称和均衡。

扇子画

（3）学习在扇面上画中国写意画的技巧，注意画面墨色的干湿浓淡，扇面纸的吸水性比较差，水分不宜过多，扇面画表面凹凸不平，用毛笔作画时要注意笔锋方向。以青花瓷器入画。

（4）给扇面作品起名字和落款。小小的扇面画可以作为礼物送给亲朋好友或者外国友人。

扇面作品（一）

扇面作品（二）

扇面作品（三）

老师有话

　　扇面画是中国历代书画家喜欢的形式，在扇面上绘画以抒情达意，供他人收藏或赠予友人，宋元时期广为流传。青花的简洁素雅结合中国书画在扇面上呈现一种含蓄内敛的美。当青花遇到扇面，是一种有情调的小清新，同学们可以在掌握了方法之后做更多的尝试。

青花线描与国画的融合探究　第六章

第七章

青花线描与泥塑的融合探究

一、线条在瓷器上的应用

（一）青花线造型的特点

从中华民族文化领域中看，青花纹样历经千年，所传承的文化内涵是无可取代的。其特点在于清新、朴素、淡雅而又不失高贵的气质，故受到人们的喜爱。

对青花瓷艺术性影响最大的当属画法，因为青花瓷与水墨画的基础差不多，都是在白色的背景下，用墨色作画，它的艺术性来自国画中对山水、花鸟、人物的写意，既符合人文精神，又符合文人气质。青花瓷表面的图案看似简单，实则深沉，简约而不简单，寥寥几笔轻描淡写，就能够展现出生动形象的人物，能够刻画出人物动作的细节之处。青花瓷的各种花纹图案和青花瓷本身相辅相成的作用，青花瓷釉白的颜色突出了青花瓷花纹纹路清晰，青花瓷纹路点缀出青花瓷本身洁白的特点。

青花瓷花瓶花纹各式各样，其青花纹样不仅具有丰富的文化内涵，而且通过线条、图形、色彩等视觉元素的建立，传达出丰富简洁且多元化的特征。既有抽象性质的几何图案，也有绘画性质的写实描绘；既有富贵华丽的一类，也有清丽淡雅的一类；既有由生动活泼的动态造型来体现的，如龙凤纹，更加大气洒脱；也有由盘根错节的静态造型来表现的，一般由植物花卉纹样组成，如莲花、菊花等，能让人感受到清雅华贵。在青花瓷的流传过程当中，各个时代都加入了自己的特色，青花瓷不断发展壮大，表面纹路也有很多不同类型，代表了各个时代对青花瓷的理解。

青花纹样以线条为主要造型手段，通过用笔的粗细、疾缓、顿挫、转折、方圆、虚实、曲直、浓淡、轻重等多种方式，结合作者的感情和技法凝聚成作品独特的风格。有的线条粗犷有力，有的线条圆润耐看，表现出中国传统绘画的含蓄委婉，从而把画家丰富深刻的情感借助线条得到充分的表达。中国传统绘画中富含大量的线条元素，擅长通过运用不同的线条技法，营造不同的意境，表达不同的情感，使人们能够欣赏画面、感悟画面、体会画面中的思想情感与文化内涵。

（二）线造型和瓷器相结合

"五彩过于华丽，殊鲜逸气，而青花则较五彩隽逸。"青花瓷因其清雅、明净、高贵，一直是传承中国千年文明的承载者之一。它以钴料在白瓷素胎上描绘纹饰，再罩以透明釉，于高温下一次烧成的釉下彩瓷器，是我国古陶瓷器中最具有代表性的优秀品种之一。青花瓷起源于唐代，发展于元代，成熟于明清，并成为主流，一直沿用至今。

青花瓷是中国陶瓷历史中非常特别的一个种类，无论是在表达方式和精神文化领域，这些拥有辉煌历史成就的工匠将自然古朴的艺术风格带入了青花瓷器的创作中，现在看来依旧光彩照人。

青花瓷图案多样，代表着许多不同的寓意，每一种图案又十分形象生动。青花瓷上的图案，不管是动物、植物还是日常生活中常用的物品，如铜钱、爆竹……都有了不同寻常的寓意。

双龙戏珠（纹样）

《说文解字》中说："鳞虫之长，能幽能明，能细能巨，能短能长，春分而登天，秋分而潜渊。"传说龙能降雨，民间遇旱年常拜祭龙王祈雨。后演化成"耍龙灯"的民俗活动，"二龙戏珠"即由"耍龙灯"演变而来，有庆丰年、祈吉祥之意。

凤凰，亦作凤皇，传说中的神鸟。雄的叫"凤"，雌的叫"凰"。其形据《尔雅·释鸟》郭璞注："鸡头、蛇颈、燕颔、龟背、鱼尾、五彩色，高六尺许。出于东方君子之国，翱翔四海之外，过昆仑，饮砥柱，濯羽弱水，莫宿风穴，见则天下安宁。"古来有关凤凰的传说故事很多，传统年画以凤凰为题材的图案运用也较普遍。

双凤呈祥（纹样）

到了宋代，瓷器装饰手法十分多样，使用刻花、划花、贴花、画花和釉色装饰等多种方法，在艺术上追求美的多样性、变化性和情感性。不论是刻花、划花线条深与浅、宽与狭、断续与连绵以及积釉深与浅的对比，还是洒釉、窑变等手法造成的不可捉摸、变幻莫测的装饰效果，都显示了宋人对美的丰富性与情感性的追求。

元代青花瓷的线条平实少变化，以平直无华的线条为表现手法。其走势上也十分纯朴、平实乃至达缓，不再似宋代那样婉转流畅、富于挥洒的激情。图案出现程式化现象：每一朵花都做同样的正面处理，姿态、倾斜角度十分近似，甚至每一片花瓣的处理都是相似的。

明代青花瓷成为自宫廷到民间最普遍使用的器物品种，进入青花瓷发展史上的"黄金时代"，尤以景德镇瓷器影响最为广泛。创作者从自己真淳、质朴的情感出发，用饱蘸料水的笔洒脱地运用在瓷坯上，在快速随意的用笔中自然展现，其线条清新自然、活泼流畅，产生了特有的肌理韵味。在用笔方面，以少胜多、以简胜繁。如明代早期的一些优秀青花瓷大多采用的是一笔勾画法。每一次落笔便是一片天地，彰显了独特美感。作品执笔连贯，一气呵成，笔法简洁，风格古朴，用单纯的笔墨表现手法达到了丰富的艺术效果。

明代青花瓷的表现手法多种多样，其中写意绘画经常在明代民窑青花瓷中运用。所谓"淡描"，类似于中国画写意和白描的技法。受明代边文进、吕纪、林良、徐渭写意花鸟画的影响，明清时青花花鸟瓷画改变繁复，御窑厂的工匠们无不摄之入画，独具匠心，给花鸟画注入了新的血液。

写意手法在技法上，以工致细丽的勾填法，开展到彩墨烘染的没骨法、勾勒法、勾花点叶法，进而至纯没骨的泼墨写意法，其风格自然、朴实、生动。《明代青花瓷器》对此有描绘："民窑绘画意境之美犹如无声之诗，极其自然灵妙。其山水人物画往往简练几笔就能绘出远山近水以及人物的动态，清新淡远，耐人寻味。"

写意花鸟画是传统花鸟画的一种重要体现方式，凡兼工带写、小写意、大写意都是属写意的领域，通称写意花鸟画。所谓"写意"，即指"中国画中归于纵放一类的画法，与写意对称。需要经过简练的翰墨，写出物象的形神，表达作者的意境"。

明代《婴戏图》，图中的儿童已不是其自然形态的写实再现，而是一种减笔的意态表现。画面抓住儿童的瞬间动态，省略了大量烦琐的细节表现，仅用几根线条就勾勒出两条活蹦乱跳的小腿，以显现孩子的活泼可爱。这种减笔画技表现了明代民窑青花艺人下笔灵活、线条生动、挥洒自然、手法精练、运用自如，他们具有精湛的技艺和深厚的涵养，利用简洁的线条表现出如此优美的画面。古人云："多一笔不如少一笔，意高则笔减，何也？意在笔先，不到处皆笔，繁皴浓染，刻划形似，生气漓矣。""虚实相生，无画处皆成妙境。"在表现形式上则力求简洁，作品常常取大面积的空白来求画面清爽，主体形象明了，画中每于空灵处见苍润，于疏略中显精致，同时又使"无象"的空间成为"意象"的空间，以减削迹象来增加意境。

明清时期的陶瓷画

　　明清时期中国的陶瓷发展进入了一个登峰造极的时代，明清时期对于陶瓷绘画水准要求很高，而且绘画风格多样，在艺术表现形式上涌现出各种不同的风格流派，主要盛行山水画科和水墨画科。加上陶瓷制作技术成熟及多样性，在意境表现上更有神韵，因此，明清陶瓷以精湛的造工和技艺享誉世界。

"瓶上泥塑青花植物"教学案例

【教学目标】

（1）通过教学分析，学生了解青花瓶上花纹装饰的变化，并能初步运用泥塑造型的方法（捏、抹）进行植物制作。

（2）通过教学实践，学生能配合青花底色制作凹凸有致的泥塑植物造型。通过泥塑创作活动，培养学生的审美能力、思维能力、实际操作的动手能力，促进学生兴趣爱好和特长的发展，提高学生的综合艺术素养。

（3）通过学习青花瓶上的植物纹样，激发学生对传统艺术的兴趣。掌握团圆、搓长、压扁、黏合等简单的泥塑技能，锻炼学生的动手能力，让青花植物在瓶上开花。

【教学准备】

丙烯颜料、玻璃瓶、蓝色马克笔、黏土。

【教学过程】

1. 收集各式各样玻璃瓶

玻璃瓶

2. 欣赏古代青花植物花纹

古代青花植物花纹

3. 设计纹样

纹样

4. 装饰瓶子

第一步：将瓶子用丙烯颜料上一层底色，待颜料晾干。

第二步：用蓝色马克笔绘制图案。

第三步：用黏土制作植物花纹。进行泥塑基本方法和规律的讲解。以一些经典泥塑作品和学生练习作业为范例进行分析与解说，帮助学生在相对比较抽象的构思构图创作阶段找到具体的范本和例子，使学生更快速地找到泥塑构思的途径。

装饰瓶子

92

5. 作品欣赏

瓶上青花作品

二、青花元素的古今交融

（一）当代陶瓷中的融会中西

20世纪，我国的艺术家将结构、光影、透视等因素引入中国，这种变革催生了陶瓷艺术的融会中西——瓷器花纹装饰的张与弛、曲与直、聚与散均开始以现实为依据。在艺术审美传承中，现代陶瓷画师有时不直接引用传统绘画视觉元素的表象，而是经过多元视觉元素的表达形式、意蕴、审美方式等综合之后，再以独特的方法达到传统神似的目的。不可否认，每个时代艺术的发展都会带有时代的烙印，在陶瓷发展过程中我们也无法回避西方艺术的影响因素。西方写实性艺术确实为当代陶瓷的发展提供了一种强有力的参照，它代表的科学性给陶瓷装饰引入了比例准确的客观审美角度。但与此同时，因为线条自身的意象美、线的结构关系所形成的节奏与韵律美，当代陶瓷也面临着更为复杂的多元化影响，西方文化的相互交融使当代陶瓷绘画的艺术语言更加多样化。

（二）从"形"到"意"的递进

在当代陶瓷绘画艺术的创作上，题材很广泛，人物、花鸟、山水、走兽等，或是传统东方的绘画题材，或是西方绘画中的写实题材，艺术作品更

青花线描与泥塑的融合探究　第七章　柒

注重的是创作者的思想感情。陈缓祥在《国画指要》中说："以'传神'来超越物象，以'描法'来创造语汇，促使中国画建立起了自己特有的语言体系。"这里的"物象"指的是题材，其传神不单单是指人物画中的神貌，亦是指作品中的思想情感。艺术语言有表达或表现的功能，其表现方式不一样就决定了艺术形象的不同，不同的艺术形式之中以艺术语言的差异作为划分类别的标准。就以陶瓷绘画中的"工笔"与"写意"为例，正是由于艺术语言的差异让人不自觉地把陶瓷艺术作品分门别类。"工笔"的特质出于"细"，"写意"强调"意"。表现形式的不同使得陶瓷绘画作品千变万化，这就说明了表现语言的差异性。从某种程度上说，陶瓷绘画的艺术语言是十分丰富的，有釉下的青花、釉里红，釉上的新彩、粉彩、五彩、古彩，颜色釉等。在陶瓷绘画中，怎样去画即是对艺术语言的探索。

当今社会对于传统青花线造型的设计创新，为了使其传达出传统艺术的神韵，又具有鲜明的时代风采，民间传统手工艺人大胆将传统的文化气质和设计理念渗透到现代装饰纹样的内容和形式中，突出青花线描清丽雅致的特点，兼顾古今之韵。

借助民族传统文化的经典元素，进行中国风格的表达，以浓厚的民族文化气息形成个性化的表达，以真正具有中国文化特色的艺术作品去吸引中国以及世界的目光，去印证和实践"民族的才是世界的"。

（三）教学中的融会贯通

传统线描图案是当下艺术作品中常用的一种装饰手法，如云纹、彩陶纹、砖画纹、铜器纹、藻井纹等，都是极具民族风格的典型图案纹样。热爱民间传统艺术的艺术家们根据传统线描图案创意出具备文化内涵的艺术作品，赋予作品更多的灵魂和情感，并且还在很大程度上体现了独特的艺术价值。例如2008年北京奥运会，青花瓷就被当作中国符号，被大家所喜爱。

在结合传统线描图案进行设计创意的过程中，我们需抓住几个重点。

（1）在明代青花瓷的画面当中，线条是最为重要的形式语言。用线条的表现方式在坯体上分割出画面，确定需要装饰的部位，由于用笔的力度不同，轻重缓急不一样，就会造成线条的粗细对比。线条的粗细分布、疏密分布，显示出强烈的韵律感和节奏性。用粗细对比、浓淡对比来确定画面分布，清晰肯定地构造出画面感，这一点与现代视觉设计相类似。在纹样设计中，我们经常要用点线面分割视觉画面，确定纹样主体的位置，这跟我们在青花画面设计中用线条去确定装饰位置、确定画面的统一性有异曲同工之妙。

（2）在青花线造型样设计和绘画艺术中，会注意到黑白关系和比例的处理，整个画面需要黑白关系很好地协调起来。在青花艺术的构图中也要注意黑白关系的处理，而青花艺术中所提及的黑白关系也就是"青白对比，水路穿插"的原则。"水路"是指青花线造型样中的白地空间。它是青花在构图中最重要的一个表现方法。"水路"不仅增加了画面美的魅力，而且在展开设计的同时，具有鲜明的、强烈的表现性，从而净化了画面，也为主体纹样创造了自由活动的余地。这个留出的白色并不是空白没有的意思，而是用虚去衬托实，用白去衬托青花色料的蓝色，形成青白的对比，从而突出主题。有时候也会用整个青色作为画面的基地，然后留出少许的白色，这样就是用青色去衬托空色的白色位置。还有一种情况就是整个画面留出大量的白色，然而用青色寥寥几笔勾画出主题的形态，用白色去衬托画面上的主题物。例如，明宣德时期的青花构图上虽然只显现浓淡这两个层次，也就是黑与白的关系，但在"水路"的处理上很讲究，在纹饰的排列上讲究位置、疏密、大小的排列，纹饰都是排列在白色部分，从视觉角度来说，青花构图艺术的青白关系就很好诠释了画面的黑白处理原则。

（3）整体性与协调性也是现代青花线描设计构图原则中重要的一个方面。在现代青花线描设计中，"将画面的形式和要表达的主题有序巧妙地结合起来，通过主体和主题性纹样的穿插，使画面具有秩序美、条理美，从而获得更好的视觉效果"。在青花瓷的构图艺术中也讲究统一性，图案的组合、排列构成一种互相配合的形态。如明代青花瓷的八仙过海瓶，瓶肚中间大都是人物主体，主体旁边都是用折枝、树干、缠枝、花束等装饰元素分散开来，而瓶罐的肩部则用密集的纹样形式排列出来，肩部密集、中间分散的画面构成，疏密有序，使画面达到有机统一。

从传统图案中挖掘其丰富资源，提取元素、重新组合，进行图形设计，把传统图案与现代青花线描设计的某些因素结合起来，对画面进行形象上的象征性处理，形成独特的风格。得到实用性、艺术性、文化性相得益彰的良好艺术效果，弘扬了民族文化精神，体现了民族风格的艺术效果。

青花线描与泥塑的融合探究 第七章

"泥塑青花饰品"教学案例

【教学目标】

（1）通过欣赏，了解饰品的艺术造型特点及外形特点。重点是引导学生在观察、理解的基础上，并结合泥塑特有的语言，把握饰品特有的形体感受。

（2）掌握饰品的特点，设计出图案精美的饰品装饰，并能用绘画、粘贴及综合性等方法进行美化。

（3）通过自主观察与实践，提高动手能力，培养学生对美术活动的兴趣，体验创造成功的快乐。

【教学准备】

切割工具、压制工具、黏土。

【教学过程】

体验饰品的特点及青花的艺术魅力，画稿时注意饰品的和谐美感，并且黏合时突出青花线造型样的造型别致、色彩搭配、图案花纹的穿插。

【作画步骤】

1. 了解制作工具

制作工具

2. 欣赏各式首饰造型

首饰造型

3. 借鉴青花线造型样

青花线造型样

青花线描与泥塑的融合探究

第七章 柒

4. 选择泥板颜色，开始制作

第一步：制作底板。

第二步：将各种颜色切割。

第三步：用黏土制作植物花纹。

制作步骤

98

5.作品欣赏

泥塑青花作品

三、泥塑中的线描教学

（一）中国艺术的灵魂——线

线性意识存在于我们几千年的文化中，构成了中国绘画独特的有意味的形式语言，同时也是构成当代线描形式美的一个重要因素。在西方，现代理论家韦尔夫林曾说"平面是属于线条的"，可以看出线条在当代艺术中的重要性。原始岩画上对物象轮廓的线性描绘初步展现了线的艺术魅力，战国的《人物驭龙》帛画以其单纯、朴实的线条记载了"线"艺术不断向前推进的足迹。中国古代艺术最重要和最独特的"表现方法的秘密"之一就是用线来表现。看似抽象简单的线条，带给人们线性流动之感，无以言表。线条长短、粗细、转折、力度的不同，呈现出各色的形象，不同表现形式的线条带给人们的视觉感受也是不同的。比如，中国古代的象形文字，用线条或笔画，把要表达的物体外形具体地勾勒出来。在中国古代的书法作品中，大多也是用线条去表达作品的内容，用笔的浓淡来打造画面的虚实关系，用笔的轻重缓急来表现行笔的速度和绘画者当时的心境状态，用笔的潇洒、柔美来表现画面不同气韵之美。然而，线性艺术在古代陶瓷艺术中也有所体现。例如原始彩陶旋涡纹样，都是用弯曲旋转的线条绘制装饰纹样，线条粗细、疏密、浓淡的变化在装饰中体现出来。还有唐代铜制釉下花鸟，不同材质、方式绘制出韵律不同的线条形式，给陶瓷艺术增添几分浪漫，看似最普通的瓷器也变得优雅感性。线通过画家之手，产生曲直方圆、深浅不同的黑、白、灰关系。点、线、面是画面基本图形的构成元素，三者经过一定的解构重组形成了线描中点线面三位一体的艺术语言。

线描绘了物象的外部轮廓、形体的内部结构，虽来源于客观物象，但不受制于客观物象。历代的画家始终以"线"艺术的角度观察世界，经过主观的过滤与提炼，将客观世界以"线"语言的表达方式转化为艺术世界。几千年来，我们的艺术家正是通过这样的方式思考着、表现着，并构筑了中国艺术的情感结构及表达方式，最终得以形成以线为基础的独具民族特色的艺术体系。

（二）泥塑教学中结合线描教学的意义

泥塑和线描都属于造型艺术。不同的是，线描是平面造型艺术，泥塑是空间立体艺术，空间泥塑的立体造型能力需要线描平面造型的基础。在泥塑实践教学活动中，有良好线描绘画基础的学生，制作的泥塑作品造型更丰富、细节更突出、作品更生动。

事实上，中国历史上的艺术多在线的艺术魅力之中，如莫高窟元代壁画、麦积山宋代佛像雕塑，甚至是宋代陶瓷孩儿枕，都是中国画的线在其他艺术载体上的转移。线是中国画的主要造型手段，运用线的轻重、浓淡、粗细、虚实、长短等笔法表现物象的体积，形态、质感、量感、运动感。特点简练、清晰，可刻画各种现象。由于材料、技艺、社会文化等差别，陶瓷的"以线造型"也自然显露出不同的地域特色。传统青花是在泥坯上绘制，而泥坯的吸水性较强，因此在绘画过程中要特别注意颜料的浓度是否合适。另外，还要注意绘制的速度不宜忽快忽慢，太快则线条缺乏弹性且无力，太慢泥坯则会吸住笔尖上的颜料，待烧制成功后会形成黑点。传统的青花指的是用世代相传的工艺方式制作出来的青花瓷，不论是从胎质颜料器皿造型和装饰纹样都是按历史时期的模式制作。而在当代的青花艺术瓷和高档日用瓷等其他范围的应用中，青花既继承了中国优秀的传统工艺，同时又根据人们审美观念的变化进行了变革和创新。在使用范围中，青花渐渐从陶瓷器皿纹样中过渡到其他行业，最常见的当属青花瓷版画。青花瓷版画在传统的青花艺术表现中占有很大的比重，经过创新和改革之后的青花瓷版画更多地从最初的纯艺术品转变为一种引领时尚潮流的装饰纹样。

（三）泥塑教学中结合线描教学的功能

在泥塑教学中我们发现，线条穿插其中，具备多种艺术功能，如审美功能、情感表达功能、意境营造功能等。

1. 审美功能

在泥塑草稿起型中，不同的线条能够表现出不同的物体特征，体现不同的物体质感，同时能够在一定程度上反映创作者的心境、性格、艺术理念、情感思想与价值观念，促使观赏者感受画作的艺术美感。通过观看画面的线条，欣赏物体的客观神形特征及美感，感受作画者的主观情绪与思想，将客观感受与主观感知相结合。

2. 情感表达功能

"意在笔先"是艺术作品的创意理念之一，而线条作为最原始、最经典的绘画形式，浓缩了作品的艺术情趣与主观思想。在泥塑外形制作的过程中，线条美也成为情感表达的一种形式。比如，或以苍劲的线条体现"壮志凌云"，或以灵巧的线条表示"悠然闲适"，或以曲美的线条表达"婉转柔情"，这些都是利用线条艺术进行泥塑外形创作的重要手法。观赏者能够通过泥塑外形中或粗或细，或刚或柔，或笔直或曲折，或锐利或柔和的线条感受到作者不同的情感，产生动静、悲喜、得失等不同的感受。

3. 意境营造功能

"守其神，专其一"是泥塑表面造型的更高境界。在泥塑表面造型的创作过程中，除了追求"物状"外，还追求一种"不知然而然"的境界，是一种由文化元素构建而成的意境。在泥塑表面造型的创作过程中，不仅要使用各种线技法描绘事物的外形，还需要将自己的精神融入泥塑中，营造出与泥塑外形情感相近的意境，以此提升泥塑作品的整体水平，彰显其艺术价值。

（四）转变理念，推进线描与泥塑彩泥的结合

很多泥塑彩泥线描教学开展之初，只是生硬地将线描绘画和泥塑彩泥分阶段进行教学，没有自然地将线描教学和泥塑彩泥教学有机地衔接起来，以至于学生在学习的过程中难以将其很好地融合，使得彩泥线描画变得"四不像"，严重影响了彩泥线描画的教学质量，同时对于培养和提高学生创新意识也没有多大的作用。因此，我们务必要转变自己的教学观念，在教学中采取多种方式来推进线描和泥塑彩泥的有机结合，将平面的线描作品变成立体化的作品，进一步激发学生的学习积极性和学习热情。泥塑作品中，还有很多浮雕表现手法，画面或凸或凹，都需要良好的线描基础来丰富作品的表现力，体现出泥塑装饰的多元化。举个例子，在教学生画"中国龙"这部分知识时，我们可以让学生先对龙的线条进行分析和研究，然后让学生讨论如何通过线条来表现龙的外形、龙的纹样，从中体会到线条所产生的对比效果，并且让学生在图纸上进行大胆的创作。在学生完成作品之后，教师便可以顺势让学生依照自己的作品来进行泥塑创作，由于是自己发挥想象力完成的线描作品，学生在进行泥塑时更加注重细节，希望能够将自己线描的作品真实地体现出来，形成一种立体化。学生在这个过程中培养了自己的创新意识，懂得更加自主地研究和学习，并且在动手实践中获得学习的成就感。

线共有四种基本类型：基本线、直线、曲线、折线；组合线、直线加曲线、曲线加折线；间断线、虚线；负重线、粗细变化的线。传统青花作为一种作品形式，表达了中国传统文化的精神内涵与正统的审美情趣。现代瓷器上的青花线造型构图秉承着三个原则：清晰与肯定性；黑白关系；整体性与协调性。

在泥塑结合线描的实践教学中不难发现，线描积累的观察能力、造型能力以及线描自身的表现能力，都对学生的泥塑学习发挥着不可估量的作用。而如何将线条融入泥塑的每个阶段呢？对此，我展开了一些摸索和探究。

1. 以问题为导向的探究

一个现象引发的思考：在进行"瓶上泥塑青花动物"创意课的时候，学生的草稿中出现了这种情况——简单样式。这样的样式是一种概念化的动物形态，说明学生还是以脑海中的固定思维画东西，没有真正画自己观察到的事物。生活中的、照片上的、图画上的动物，该怎样描绘？生活中动物的形

态、动势都是极具个性的，它们的质感、肌理、形状都是不同的。而这各种形态的动物应该是基于各种视知觉体验的，每个人的所见、所思、所想、所要表达的都是不同的。那么，问题怎么解决呢？

2. 以线性拓展为实验的初步尝试探究

为了避免具有雷同性的简单符号样式，我做了一个小尝试——《运动的动物》：眼睛观察图片，手指快速在纸上进行表达。实验结果如下：

学生们根据兴趣爱好，可能绘画出某种动物动态的多样性，目的就是让学生体验线条，虽然画出来的动物可能不那么像，但是线条极具生命力，很生动，呈现了学生作画过程中有感触的东西。一两个小实验看到成效之后，就明确了研究线性写生的方向：运用"动态"的拓展在"视知觉"的唤醒上结合"线性实验"三个维度去引导，让学生先学会自由表达直观的世界，从而提升学生的线条意识。

3. 结合线性思维的泥塑课程探究

（1）以瓶子等为拓展结合的媒介做线条的探索实验。

瓶子上的勾勒线条表现出浓重、轻柔，具有力量、实、虚等不同个性的表达。

根据线条的排列方式、紧密、颜色深浅、长短、形状等特点，引导学生"解剖式"观察，根据不同位置线条选择泥塑动物的种类。

（2）观察动物毛发的制作，用泥区别出动物的毛发质感。

观察羽毛的生长方向（生长方向决定用泥的方向）、排列方式。

羽毛的颜色呈现黑白明暗度、长短、疏密、整齐或凌乱、实或松、形状等。

（3）泥塑技法与线条的融合。带着对身体每个区域毛发的分析来使用泥塑材料的技法：①轻轻地粘贴最底层外形，在瓶子上定好动物身体的位置，注意与瓶身线条的巧妙衔接。②用搓好的泥条逐层覆盖有明确毛发分层的部分，如面部、四肢。

青花线描与泥塑的融合探究

第七章

"瓶上泥塑青花动物"教学案例

【教学目标】

（1）通过欣赏与感受活动，了解瓶子艺术的造型特点及构造。

（2）掌握瓶子对称的特点，能较顺利地设计出图案精美的瓶子装饰，并能用绘画、粘贴及综合性等方法进行美化。

（3）通过自主观察与实践，提高动手能力，培养学生对美术活动的兴趣，体验创造成功的快乐。

【教学准备】

丙烯颜料、玻璃瓶、蓝色马克笔、黏土。

【教学过程】

瓶子对称的特点及青花的艺术魅力，画稿时注意瓶子左右的和谐美感，并且黏合时突出青花瓶的造型别致、色彩搭配、图案花纹的穿插。

【作画步骤】

1. 了解瓶子的结构和对称美

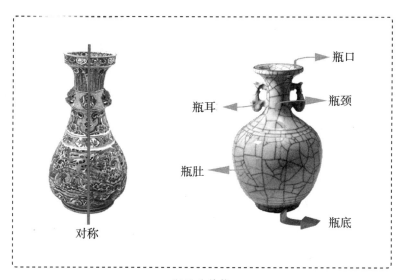

瓶口
瓶耳
瓶颈
瓶肚
瓶底
对称

瓶子的结构

2. 欣赏古代青花动物纹样

青花动物纹样

3. 设计纹样

设计纹样

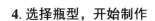

4. 选择瓶型，开始制作

第一步：将瓶子涂上底色。

第二步：用蓝色马克笔绘制图案。

第三步：用黏土制作植物花纹。

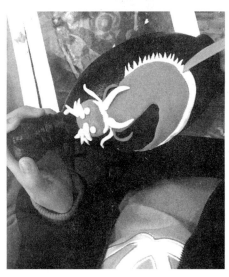

制作步骤

5. 作品欣赏

青花作品

四、泥与线的组合重构

所有的造型艺术中几乎无不存在线的表现形式，其中线的痕迹都会被我们所发现。各种各样线条之间的相互组合和转动变换的内容能够衬托性地描绘出自然的客观世界和主观想象世界中美的形式及形式的美。线条运用于泥塑中，能够使外在形态描绘得更具力量性、速度性，也可以说是想给人以动态的感受却通过静态的线传达，使泥塑呈现的形象个性更加突出。

（一）凸显丰富多样和自然趣味

学生都是在亲身感知、实践操作中获得经验。因此，在活动环境的创设中，我们注重真实性和操作性的原则，凸显"文化浸润"和"实践探究"两大特点。在泥塑室室内环境的创设中，我们注重于多功能、多层次的体现。我们利用生活里的玻璃瓶和自然界中的树根、鹅卵石、贝壳等巧妙地融入作品中，形成一个天然玩泥场。泥塑工作室中设和泥、拉坯、塑形、拓印、上色、烧制等较为全面专业的陶艺制作流程工作区，学生在这里可以体验从泥到瓷制作的全过程。在材料的提供上，我们更注重陶泥与真实的自然物的结合，提供了树叶、树枝、麻绳、贝壳、豆类、坚果、蛋壳等丰富的自然物材料。

泥塑室的设计不仅在实用功能上满足了学生开展活动的需求，而且在班级中放置了与自然角结合的陶泥展示吧。随着主题的更新，我们在陶泥区域和自然角轮流展示大家的作品，还把学生在主题开展中探究发现的记录、设计图等全过程展示在展示吧的墙面上。

根据学生的年龄特点和陶泥制作的技能，有其特定的发展规律，制定了活动目标，编排了活动内容。

（二）结合学生发展规律，循序渐进

首先，学会欣赏，体验线条的魅力。让学生拥有一双发现的眼睛，去寻找存在于他们身边的线，线状的物体，像电线、头发、柳枝，还有一些不是很明显的，如物体的轮廓线、流水、叶脉等。通过找线，学生会意识到身边的线无处不在，从而更加注意身边的美，发现美的事物，养成良好的观察习惯，做一个善于观察的人。

其次，引导学生欣赏经典的线描艺术作品。不同历史时期的青花艺术大师有不同的线描风格，如明清时期的青花瓷器的铁线描，线条外形状如铁丝，故而得名；元朝时期的青花线描线条精确，奔放有力。要有意识地挑选一些形象鲜明、线条清晰的作品，引导学生接触经典，感受不同的线条，扩大学生的知识面，对他们的创意思维会有很大的帮助。

最后，引导学动手制作泥塑线描作品。我们身边能接触的世界大多是彩色的，蓝色系的线描画能够给学生一种新的视觉感受，看似简单，却给人以无限的想象和美感。引导学生逐渐学会制作泥塑线描画作品，让他们感受到线描画的美感和有趣，激发他们对线描画的学习兴趣和创作激情。

经验是创作的基础，观察是积累经验的方法，有了观察才能有对各种物体的了解。收集图片、观察模型、观看影片等方法，间接地对事物进行了解。通过观察，使学生有一双不断发现和感受美的眼睛，去发现绘画中的美好和不足，更好地为创造和想象奠定基础。

同时以校本教材为根基，将活动与主题活动紧密结合，如以"面具"为主题，设定了以下活动内容和目标。

主题名称及目标	活动内容	具体活动目标
主题名称：面具 主题目标： 1.通过教学分析，学生了解喜怒哀乐带给人面部五官的变化，并能初步运用青花线描泥塑造型的方法（捏、抹）进行面具制作。 2.通过教学实践，学生能运用夸张、变形的方法表现一张有情感特征的面具；运用传统青花造型装饰面具表面。 3.通过教学欣赏，学生了解三星堆以及中国民俗中的面具，并在活动中提高学生对青花线描纹样和泥塑的兴趣	表情	1.夸大了眼睛和耳朵，表现了"千里眼""顺风耳"的特征。除了夸张，它们还用到了变形的方法。 2.常见的人脸的形象，通过夸张、变形的方法，塑造了一件件生动、有趣的面具，这些面具都是漂亮的艺术作品
	造型	1.确定面具五官的位置。 2.运用捏的技法进行面具造型，强调夸张、变形的运用。 3.青花装饰纹样的设计
	青花线描泥塑装饰	1.通过小组合作，用点、线、面组合的方式表现花纹的造型，体验创造的快乐。 2.能用刻画、镂空、粘贴、按压等陶泥制作技能装饰面具

民族的即是世界的。在彩泥线描装饰纹样的设计中，民族性和传统性的体现，是当前提高纹样设计文化内涵的主要手段。我们以正确的态度对民族传统文化元素进行深入的挖掘与发现，从中找到与花纹装饰的共同点，再辅以现代化的设计思想对其进行组合重构，使民族文化的灵魂在现代泥塑艺术中得以延伸与传承。

"面具泥塑青花线造型样"教学案例

【教学目标】

（1）通过教学分析，学生了解喜怒哀乐带给人面部五官的变化，并能初步运用青花线描泥塑造型的方法（捏、抹）进行面具制作。

（2）通过教学实践，学生能运用夸张、变形的方法表现一张有情感特征的面具；运用传统青花造型装饰面具表面。

（3）通过教学欣赏，学生了解三星堆以及中国民俗中的面具，并在活动中提高学生对青花线描纹样和泥塑的兴趣。

青花线描与泥塑的融合探究

第七章

【教学重点】

引导学生运用捏、抹、盘等技法塑造各具情感特征的面具形象,并通过青花装饰纹样,展示其艺术韵味。

【教学难点】

学生能运用夸张、变形的方法进行面具造型;青花线描的结合。

【教学方法】

(1)有效的图片展示激发学生的感观和认知。

(2)教师示范解决制作技法的问题。

(3)以小组合作分类创作解决学生创作方向的问题。

【教学过程】

1. 课前

(1)教室布置:课桌呈小组分布,8人为一大组,同桌为一小组。

(2)课前游戏:"哈哈哈"与"啊——"。

教师讲述两个故事,观察学生面部反应。

【设计意图】通过游戏,消除师生的陌生感,活跃课堂氛围,并为表情变化这一知识点打好课前的认知基础。

2. 有趣的脸

(1)教师提问:游戏中有哪些表情?在我们生活中,还有哪些表情?

(2)教师出示"喜怒哀乐"的提示,要求学生分组模仿四种表情,并分析五官变化。

(3)出示夸张的人物面部图片。教师介绍:这种把五官无限夸大来进行一种表情表现的方式叫作夸张。

(4)出示中国民间面具图片欣赏。

【设计意图】了解人的面部表情特征,建立人脸和面具形成的初步联系,结合教学重点引出造型中的夸张、变形的方法。

3. 面具的制作

(1)教师导入:让我们来创作一件面具作品。

(2)教师提示学生寻找小组的材料、工具。

(3)教师示范泥塑面具,并讲解泥塑过程。

过程一:确定面具五官的位置。

过程二：运用捏的技法进行面具造型，强调夸张、变形的运用。

过程三：青花装饰纹样的设计。

（4）出示课件图片和文字，总结制作过程。

【设计意图】认识材料工具，通过教师示范的方式解决面具造型的技法问题和装饰技艺。

4. 学生实践

出示制作要求：根据"喜怒哀乐"纸条的分配，以同桌为一小组，运用夸张、变形的方法，创作一件独特的泥塑面具作品。

教师巡视指导，提示细节装饰的作用。

【设计意图】以小组合作的形式完成面具的设计造型，教师巡视中完成个别指导，并逐步引导学生把作品丰富化表现。

5. 作品赏析

个别学生作品展示，教师引导提问：你们做的是什么表情的面具？在哪些地方运用了夸张、变形的方法？青花线造型样如何结合装饰？

【设计意图】通过学生作品的展示和赏析，复习本课所涉及的几个重要知识点，加深学生对泥塑造型的喜爱。

6. 拓展展示

建议：进行一次泥塑面具展览。

【设计意图】通过对外展示，课堂教学内容得到一次公开的认同机会，以活动化的方式结束本课教学，使教学与生活关联起来，激发学生的兴趣，促进学生对泥塑造型的持久关注。

参考文献

［1］吴庆文，田德毅，李济. 景德镇明代民窑青花笔墨审美意趣探究［J］.中国陶瓷，2018（12）.

［2］盛小诗. 基于媒材拓展的学生线性写生课程研究［J］.教育周报·教育论坛，2019（26）.

青花线描与泥塑的融合探究

第七章

柒

第八章

青花线描与版画的融合探究

一、青花线描与版画的融合探究

青花线描手法具有形模准确、描绘严谨的特征，与版画以线摹形、刻绘严整的特点相似度极高。美术是没有壁垒和界限的，仅仅是工具材料的区别。一方面，跨越画种的个人艺术特征在不同的工具材质上是普遍存在的。另一方面，不同工具材质所具有的特殊的语言属性也会产生相互渗透和影响的作用。青花线描是绘画的表现技法，具有独特的审美品格。青花线描手法的艺术渊源与中国画善于用线造型的艺术精神具有不可分割的深刻联系。从原始时期的先民岩画和陶制器皿的彩绘图案，直至战国时期的帛画《人物御龙图》和《人物龙凤图》，都体现出了民族传统绘画中善于以线造型的特殊线条感受力和对线条审美的天赋。

版画是用刻刀在硬质的木板上刻绘艺术形象，由于媒介材质的属性，版画刻绘不太容易借鉴纸本水墨的线条趣味，而是与原始岩画壁画、彩陶中的线以及画像石、墓室壁画的条线有材质属性上的天然联系，因此更便于借鉴和吸收这些金石形态的线描艺术特征。版画的物象组织、画面开合布局的设置、点线元素的编排，以及疏密关系、留白的运用、画面节奏的控制等诸多方面，都显示出对青花线描语言的吸收借鉴。这些借鉴是由于版刻会受到刻版印刷工具材料和印刷技术的制约，略过了国画皴擦点染、放笔直取的率意挥洒，保留了版画色块分明、以线造型的核心，画面效果呈现出一派洗去铅华、独存本质的朴素之美。

版画画面的点线造型元素单纯、简练，通过线条的不同分布组合的结构关系，在非常单纯的规则下创造出极其丰富的形式美感，获得了具有青花线描精神的艺术效果。其中不同的刀法所表现出来的线条具有不同的质感和表现力，这些或顿挫、或方折、或流畅、或迟重的线条，塑造了简洁明快、色块分明的艺术效果。版画的线条造型，在审美意趣和精神上与青花线描手法相通，但是在具体的线条质感和线条的表现力上，两者毕竟还是有区别的，青花线描的流畅自然与版刻线条的刀法趣味不同。

青花线描清新写意，版画线条古拙凝重，刀法的雕琢与勾线笔的演绎具有各自独特的风情韵致，但是木刻版画中蕴含的青花线描精神，作品呈现的洗尽铅华、超凡脱俗、大道至简的审美趣味，则与师生们所追求的雅俗相参、雅俗共赏的文心墨趣的审美是相统一的。

（一）木刻版画的刀法是线条表现的重要途径

说到木刻版画的刀法，我们就很有必要提一下版画的源头。印刷术作为中国古代四大发明之一，具有重要的里程碑意义。其中印刷术由文字印刷和图像印刷所组成，这里的图像印刷就是最原始的木刻版画。与此同时，我们要知道木刻版画由其原始的复制印刷功能延续至今，经过一度的演变，木刻以其自身的独特魅力和创作者们的创作意识共同推进了木刻版画的演进与发展。木刻版画创作是艺术家们对于刻刀在木材上的经验从还原创作者画稿的模拟复制中剥离出来的，是有意识地在创作过程中更加强调刻刀刀痕的一种独特的创作效果，并且将这种独特的创作效果转化为一种可以承担起一幅完整作品的独立的艺术语言。也正是由于这样的艺术语言的出现，才使印刷术由原本的复制目的转化为一种独立的艺术表现形式，使其能够拥有更加活跃的生命力，并持续迸发新的活力。

再有就是从技法上来说，木刻版画区别于其他的版种，木刻版画以其多变的刀法来表现线条的魅力，挑、刮、铲、刻等技法，从而能够生动地将物体的坚硬柔软以及光洁粗糙等质感很好地表现出来，最终使作品呈现出不同的艺术风格。木刻刀在木材上的痕迹同时也与创作者所用木材自然的肌肤纹理有着相辅相成的作用，这样也就构成了木刻版画在线条上的独特韵味。在木材上利用刻刀进行创作比不上画笔在纸上的流畅，但也正是这样的独特性造就了木刻版画线条的迂回、耿直与笨拙等，也体现了木刻版画的原始之美。木刻版画的美是刀木之美，更是力量之美。

（二）木刻版画线条中点、线、面之间的美感

不论在何种视觉艺术中，画面感的体现都是由于点、线、面与色彩等的完美融合，木刻版画中线条之美的体现与版画中的点、面都是有着紧密联系的。说到线条，其排列组合有着多种复杂结构，如方向、疏密、断连、粗细、排列等，点的表现有形态、大小、虚实、排列顺序等，面的表现更是有着多种变换。点与面、面与线、点与线等各种形态的组合，才使完整的作品中的随意性和设计性更加巧妙地结合，充分地表现了木刻版画中各要素的魅力以及各要素相辅相成的现代创作的统一性、灵活性和设计性。

二、青花版画课程背景

版画是视觉艺术中一个独特的门类，具有其独特的表现形式。版画中对于线条的表现手法与其他的视觉艺术不同，而且版画又作为一个较大门类，其中包含的多种版画艺术对线条的表现形式又多有不同，于是各版画艺术作品中所透露出来的线条的表现方法以及魅力都各不相同。其中，木刻版画又作为一种较为传统的版画技艺存在，木刻版画的线条美有着独特的魅力和韵味。木刻版画中色调朴拙，线条代表动感，暗示力量，在整体的艺术创作中发挥着连贯整体画面的重要作用。刀与木的碰撞无不将这一传统技艺中的线条美表现得淋漓尽致，这种线条美不论行家与否，都能真切地感受些许，那种震撼、那种韵味，使观众在欣赏木刻版画的时候，能够深刻地体会到刀刻之美、线条之美，使观众能够感受到版画中画面与线条的和谐统一所形成的艺术魅力。木刻版画中的线条之美深深地影响了师生的创作，从而为艺术创作提供了更多的生命力。

木刻版画的线条美体现在创作者在创作当下刀与木的碰撞所呈现的非凡的火花。版画有着很多版种，其中大家比较熟悉的有木版画、石版画、铜版画以及丝网版画，这四个版种也统称为"凹凸平孔"四版。其中木版画中强烈的黑白对比，使木材本身的纹理显得生动形象，其中所表达出的韵味和情感是极其丰富的，也是最容易驾驭创作者多种情感的一种版画种类；石版画将笔触以及水墨的渲染所表现的韵味直接地呈现出来；铜版画则显得更加尖锐，其中的线条浓淡调和经常能够将现实社会错综复杂的人性情感很好地呈现出来；丝网版画运用很是整齐，有艳丽的线条及色彩，大多具有

很高的装饰韵味。但是在这些版种各具特色的线条描绘技法中，木刻版画描绘出的线条所传达的独特的自然气息是最能让观赏者意味深长、回味无穷的。

青花版画是一门趣味性、创造性、知识性和时间性极强的科目，学生在实操的刀刻与印制环节中，将艺术、历史、自然科学等学科进行综合运用并加以升华。版画的独特性决定了它具有认知功能、教育功能和审美功能，创新是版画发展的永恒主题和本质内涵。因此，在课堂进行版画教学能对学生进行审美教育、创新教育与师生互动协作进取的动手能力教育，是促进学生全面发展的有效途径与方式。

青花制作版画的过程是学生通过双手将自己的想象变成具体成果的过程，这是学生所学知识的展示，是他们观察力和创造力的展示。尽管他们的作品并不完美，但正是这种不完美培养了学生的动手能力和创造精神。在这个过程中，每位学生将终身受益，为他们今后在各行各业成就自己的事业奠定重要的基础。许多实践证明，青花版画教育是素质教育非常有效的载体之一。因此，开设本课程具有现实和长远的意义。

三、青花版画课程目标

（一）知识与能力

（1）系统学习和掌握青花版画制作的各种表现手法与方法，了解制作青花版画造型艺术的基本技巧。

（2）动手收集版画历史、民间版画制品的相关资料，学习前人的知识文化遗产。

（二）过程与方法

（1）学生亲自动手制作青花版画作品，动手写作，交流感受和心得体会。学生在制作青花版画的过程中，掌握动手刻与印的方法，培养了动手能力。

（2）在规范有序的造型训练中能够运用所学知识，在阶段学习中能提升学生的创新思维和动手能力，从而树立学生的自信心。

（三）情感态度与价值观

（1）增强学生对不同地区、不同时代版画文化含义的领会，体会中国版画文化的深刻内涵。

（2）通过对青花版画创新思维训练，培养学生热爱版画艺术、关注版画历史发展和艺术为社会所带来的巨大贡献。

（3）树立热爱艺术、崇尚艺术的人生观和价值观。

四、青花版画课程内容

自版画教学开展以来，我们一直在实践中摸索与探寻，逐步形成了如下内容设置（单元→章→节）。

单元一　历史与理论

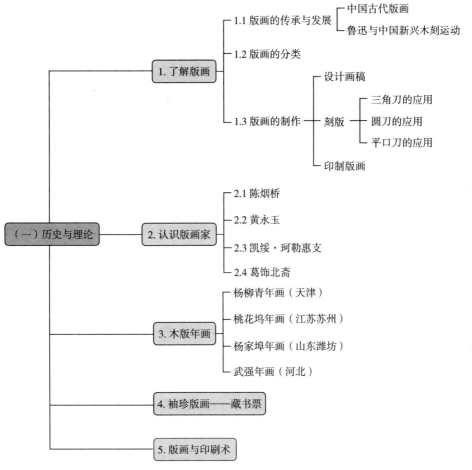

历史与理论思维导图

第1章　了解版画

当代版画的概念主要指由艺术家构思创作并且通过制版和印刷程序而产生的艺术作品，具体来说是以刀或化学药品等在木、石、麻胶、铜、锌等版面上雕刻或蚀刻后印刷出来的图画。

1. 版画的传承与发展

中国木刻复制版画约有1000年的历史，最早可能发生于隋唐之际。我们看到的晚唐咸通九年（868）《金刚经》木刻卷首画，说明在9世纪中叶，中国的木刻复制版画已经达到相当熟练的水平。创作版画作为一种独立的艺术创作，在西方也早就存在。在欧洲，16世纪的A.丢勒以铜版画和木刻版画复制钢笔画。到17世纪的伦勃朗，铜版画已从镂刻法发展到腐蚀法，进入创作版画阶段。木刻版画则由19世纪的毕维克创造以白线为主的阴刻法而摆脱了复制的羁绊，进入创作版画的领域。

20世纪30年代以前，我国版画仍然是复制版画。自1931年起，由鲁迅倡导的新兴木刻，开始有了我国创作的版画。新兴版画和古代复制版画不仅在制作技术上有很大差异，而且在作为艺术的功能与现实意义上也有质的区别。新兴版画从它诞生那天起，便和中华民族的解放事业紧密相关，与广大人民群众的命运血肉相连，是中国革命文艺的一个重要组成部分，是20世纪30年代左翼美术的主力军。版画家是以艺术家和革命战士的双重身份出现在历史舞台上，毫不含糊地以艺术作为战斗的武器，在思想教育战线上发挥了巨大的作用。

2. 版画的分类

按使用材料可分为木版画、石版画、铜版画、锌版画、瓷版画、纸版画、丝网版画、石膏版画等。

按制作方法可分为凹版、凸版、平版、孔版和综合版、电脑版等。

按颜色可分为黑白版画、单色版画、套色版画等。

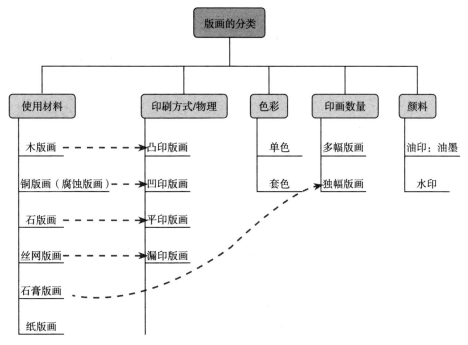

版画的分类思维导图

3. 版画的制作

绘制画稿→刻版→印制版画。

绘制画稿：注意印刷出的画面与版面是相反的，要因画面内容而考虑版向的问题。

刻版：先以三角刀刻出木板画面上的轮廓边缘线，再交替结合使用圆刀，逐步刻出亮面。注意安全，用刀时左手勿置于刀前。

印制版画：用铲刀盛少许油墨置于玻璃板上，再以油滚来回滚动使油墨均匀地沾于油滚上，以便在版上均匀滚墨。注意，要使版上的所有凸起部位都沾上油墨。

第2章　认识版画家

1. 陈烟桥

中国第一代版画家，历史文化名人，他的作品被大英博物馆、俄罗斯美术馆、鲁迅纪念馆等收藏。陈烟桥是鲁迅先生的学生和追随者，是近代中国新兴木刻运动的倡导者和参与者，也是著名的版画理论家和教育家。代表作品有木刻《建设中的佛子岭》（中国美术馆收藏）、《鲁迅和他的伙伴们》（中国美术馆收藏）及《黄浦江上》等。

2. 黄永玉

中国画院院士，中央美术学院教授，曾任版画系主任。14岁开始发表作品，以后一段时间主攻版画，其独具风格的版画作品饮誉国内外。16岁开始以绘声绘色画画及木刻谋生。曾任中央美术学院教授、中国美协副主席、中国美协第九届顾问、中国文学艺术界联合会第十届荣誉委员。代表作品有《劳军图》、《雪峰寓言插图》、《饥饿的银河》、《拜伦像》、《玛耶诃夫斯基像》、《春山春水》（木刻集）、《下场》（1939）、《烽火闽江》（木刻集，1940）、《齐白石像》（1954）。

3. 凯绥·珂勒惠支

德国版画家，14岁时即开始学习绘画。1918年11月，被选为普鲁士艺术学院会员，她是入选的第一位女性。自1919年以来，她才开始从事于版画，后来创作了木刻连续画《战争》《无产者》等。她是很有影响力的画家。在中国，鲁迅出版过她的版画集、开过她的画展。可以这么说，我国老一辈的版画家都间接地成了她的学生。直到今天，在他们的每一幅作品中，都能明白无误地辨认出她鲜明风格的刀法和造型等。

4. 葛饰北斋

日本版画家。浮世绘风景版画由于令人耳目一新，而受江户市民的欢迎。他的风格对后来的欧洲画坛影响很大，德加、马奈、凡·高、高更等许多印象派绘画大师都临摹过他的作品。代表作品有《凯风快晴》《神奈川冲浪里》《骏州江尻》。

第3章　木版年画

木版年画是中国历史悠久的传统民间艺术形式，有着1000多年的历史。到了清代中晚期，民间年画达到了鼎盛阶段。

在中国民间，年画就是年的象征，不贴年画就不算过年。年画已不仅仅是节日的装饰品，它所具有的文化价值和艺术价值，使其成为反映中国民间社会生活的百科全书。木版年画发展到清代中晚期，出现了大大小小几十个产地，其中著名的有天津杨柳青、苏州桃花坞、山东潍坊、四川绵竹、河南朱仙镇、河北武强等地。清末民初年间，年画的使用地区覆盖了除西藏以外的全国各地，包括台湾在内。年画取材于世俗社会生活，题材无所不包，根据王树村先生统计，各种题材画样达两千多种，有历史故事类、神话传说类、世俗生活类、风景名胜类、时事新闻类、讽喻劝诫类、仕女娃娃类、花鸟虫鱼类、吉祥喜庆类等。

1. 杨柳青年画：年久色彩不消褪

杨柳青年画题材广泛、内容丰富、构图饱满，加之刻工精美、绘制细腻、色彩绚丽，被公推为中国民间木版年画之首。它继承了宋元绘画的武强年画中的门神形象传统，吸收了明代木刻版画、工艺美术、戏剧舞台的形式，采用木版套印和手工彩绘相结合的方法，画面色彩明显，柔丽多姿。杨柳青年画以宣纸印刷，用国画彩料，年久色彩不褪不变。

（1）渊源：杨柳青镇位于天津市西，明代称"古柳口"，因盛产杨柳得名，自古风景优美，水运发达，有北方"小苏杭"之称。杨柳青年画相传是元朝末年一位会雕刻的外地艺人见这里梨木、枣木很多，特别适合雕版印刷，在春节前自己创造的。最初刻印一些门神、月宫图等出售。后来，随着创作题材的扩大、销售范围的拓宽，开始专门经营年画。到了明永乐年间，大运河重新疏通，南方精致的纸张、水彩运到了杨柳青，使这里的绘画艺术得到了极大发展。杨柳青年画已知最早的画店为戴莲增、齐健隆两家，他们最初可能都是画工，以人名代店名。戴莲增画店的历史最早可上溯至明代崇祯年间，后来戴、齐两家又分别开了很多画店。清代光绪以前是杨柳青年画发展的鼎盛时期。那时，天津杨柳青镇及其附近村庄大都从事年画作坊生产，年画因产地而得名。鼎盛时期，杨柳青年画发展到以杨柳青镇为中心，包括周边的几十个村庄都印制年画。清末民初，农村凋敝，石印年画兴起，杨柳青年画的生产日渐衰落。到抗日战争和解放战争时期，因为社会原因，年画业逐步转到天津，杨柳青年画在印制上又逐渐采用洋纸洋色，做工日渐粗糙，虽仍然保持红火热闹之特色，但整个年画业已日趋衰替。杨柳青年画随即搁置发展，年画在生产销售上均受到很大破坏，画店相继倒闭，有些则主要以刻印神码勉强维持，至中华人民共和国成立前，已濒于技艺无人继承的境地。中华人民共和国成立后，抢救杨柳青年画的工作随即展开。1952年，中央人民政府派人对杨柳青年画进行了专门调查，并很快给镇上仅存的一家年画作坊寄去500元。1956年，"杨柳青镇和平画业生产合作社"成立，画社影响逐渐扩大。2006年5月20日，杨柳青年画经国务院批准被列入第一批国家级非物质文化遗产名录。

（2）流程：杨柳青年画按照表现内容可分为十类：娃娃类、仕女类、仕女娃娃类、民俗类、时事类、故事类、戏曲类、神类、佛类、风景类。杨柳青年画的制作方法为"半印半画"，即先用木版雕出画面线纹，然后用墨印在纸上，套过两三次单色版后，再以彩笔填绘。制作程序大致是创稿、分版、刻版、套印、彩绘、装裱。前期工序与其他木版年画大致相同，都是依据画稿刻版套印；而杨柳青年画的后期制作却是花费较多的工序于手工彩绘，把版画的刀法版味与绘画的笔触色调巧妙地融为一体，使两种艺术相得益彰。

2. 桃花坞年画：构图丰满色彩绚丽

桃花坞年画是江南地区的民间木版年画，因曾集中在苏州城内桃花坞一带生产而得名。桃花坞年画构图对称、丰满，色彩绚丽，主要表现吉祥喜庆、民俗生活、戏文故事等中国民间传统审美内容。桃花坞木版年画还远渡重洋流传到日本、英国，特别是对日本的浮世绘产生了重要影响，被海外媒体誉为"东方古艺之花"。

（1）渊源：木版年画的技术起源于唐代雕版印刷，本质上是为满足人们文化需求的一种印刷、复制技术。到了宋元时期，雕版技术不断完善，开始出现彩色印刷，雕版年画也大抵出现于宋代。桃花坞木版年画也是源于宋代的雕版印刷工艺，与天津杨柳青年画并称"南桃北杨"。桃花坞位于江苏苏州阊门内北城下，明代时期，风流才子唐伯虎曾在此建筑桃花庵别墅，并作《桃花庵歌》，桃花坞逐渐知名，唐伯虎的墓地也建于此地。明清时期，随着苏州城市经济的发展，阊门一带集中了许多工艺作坊，以年画铺为最多。桃花坞木版年画以其丰富的题材、画面和色彩而受到世人的欢迎，并逐步形成自己的风格。明末清初是苏州桃花坞木版年画的繁盛时期，尤以清雍正、乾隆年间为最，称为"姑苏版"。当时的画铺有四五十家，出产的桃花坞木版年画每年达100万张以上，除销江苏各地外，还随着商船远销南洋和日本。太平天国时期，清兵围攻苏州，桃花坞木版年画的生产受到了严重破坏，以后一直萎靡不振。

民初时期的桃花坞年画因先进印刷术的兴起，已在城市失去了市场，开始面向农村，变成了民间风俗艺术。中华人民共和国成立后，政府对木版年画十分重视，桃花坞木版年画逐步得到恢复，并得到了发展。1956年建立桃花坞年画生产小组，1959年转为生产合作社。至1962年，桃花坞木版年画年产量已达到100万张左右，年画又获得新生。2006年5月20日，桃花坞年画经国务院批准被列入第一批国家级非物质文化遗产名录。

（2）流程：桃花坞木版年画的画、刻、印分为三大谱系，在长期的创作、生产实践中，身怀绝技的老艺人各自摸索出了独特的经验，形成了一整套特殊的工艺制作程序。刻制工具主要是拳刀，形如月牙，因装木柄，拳握方便而得名。辅助刀具有弯凿、扁凿、韭菜边、针凿、修根凿、扦凿等。另外，还有敲底时要用到的敲方、敲方使用檀树制的方形榔头、用来擦稿纸以显示墨线的油棉、用于刷去刻版时细缝中木屑的小棕帚、用于刻直线的铁尺、用于刻圆圈的圆规（艺人又称"计差"）、大小两种磨刀石以及水钵等。颜色包括墨汁和套色用色，墨汁是选用上等烟煤与面浆调和，发酵沉淀一个月后方能使用；套色使用的颜色调配时，用水用胶要适当。通常用胶，冷天宜少，热天宜多。配色浓淡程度为紫色重，桃红、淡墨宜轻，这样印出来的年画色彩既鲜艳明亮，又协调匀称。年画印刷用纸宜用白净、薄韧的纸，印刷的主要工具包括棕帚、棕擦、印台、色盆、胶水、石蜡等。一般流程是，在画稿完成后，刻工将画稿粘贴在梨木板上，称"上样"。将画稿分成线版和套色版若干块，然后由艺人用拳刀将画匠事先设计好的图案或图画刻在木质柔软细腻的梨木板上。图上有多少种颜色，就刻多少版，每色一版。桃花坞木版年画为分版水色套印，印刷时先印墨线版，然后根据画稿的色泽再分版套色。用色通常为大红、大绿、桃红、宝石蓝、柠檬黄等夸张的颜色，用于渲染烘托过年气氛的效果极好。在印刷过程中，印工则采用"模版"技法，使墨线版和套色版准确无误，使印刷的作品与原作不失真。最后进行装裱，一幅年画才算完工。

3.杨家埠年画：乡土气息古朴雅拙

杨家埠年画以浓郁的乡土气息和淳朴鲜明的艺术风格而驰名中外，它按照农民的思想要求、风俗信仰和审美观点，形成了自己古朴雅拙、简明鲜艳的风格。杨家埠年画题材广泛，有神像类、门神类、神话传说类等，它植根于民间，装饰于节日，丰富了人们的精神生活，美化了人们的节日环境。

（1）渊源：杨家埠位于山东潍坊，是山东省历史悠久的传统民俗工艺品。杨家埠年画起源于寒亭南三华里的杨家埠村，从业者多是杨氏家族后裔。杨家埠年画兴起于明代，全以手工操作并用传统方式制作。明代是木版年画发展成熟的阶段，那时杨家埠"家家印年画，户户扎风筝"。建于明崇祯十三年（1640）的吉兴号年画作坊，至今仍保存完好，为省级文物保护单位。开始，杨家埠民间木版年画题材比较狭窄，以刻印神像年画为主。从明代到清初，杨家埠依靠年画业发展的画店有同顺堂、吉兴、太和、公茂、恒顺等。明末，因战乱遂遭破坏。清代前期，杨家埠年画又得以恢复和发展，年画品种增加，绘刻技术更加精熟。清乾隆年间是杨家埠木版年画商品化高度发展、繁荣昌盛的时期，年画的题材空前扩大，祈福迎祥、消灾除祸的神像画更加齐全、完备。1922年后，石印年画和月份牌年画兴起，杨家埠年画的销量骤减。1937年抗日战争全面爆发，日军多次到杨家埠烧杀抢掠，集市被封，百余家画店停业。到中华人民共和国成立前夕，杨家埠木版年画已被破坏殆尽。中华人民共和国成立后，党和政府十分重视民间艺术的发展。1951年11月，山东省年画工作队举办新旧年画展览，帮助恢复印刷生产，并成立杨家埠年画改进筹备委员会。1952年10月，华东文化部和山东省文化局组织建立了"杨家埠年画改进委员会"。同年，组织年画生产互助组16个，印刷新年画40万张。1977年7月，山东省文化局派专家到潍坊举办年画学习班。1978年恢复"杨家埠木版年画社"，年画社负责对年画进行挖掘、整理和恢复工作。2006年5月20日，杨家埠木版年画经国务院批准被列入第一批国家级非物质文化遗产名录。

（2）流程：杨家埠年画表现内容丰富多彩，喜庆、吉祥是杨家埠年画不变的主题。杨家埠木版年画分钩描、刻版、印刷三道工序，初期为小案子坐印，后改为大案子站印。杨家埠年画的制作工艺也别具特色。艺人首先用柳枝木炭条、香灰作画，名为"朽稿"，在朽稿基础上再完成正稿，描出线稿，反贴在梨木版上供雕刻，分别雕出线版和色版。再经过调色、夹纸、兑版、处理跑色等，手工印刷。年画印出来后，还要再手工补点上各种颜色进行简单描绘，以使年画显得自然、生动。第一步是构图的设计。设计图稿，首先要考虑大众的心理，符合农民的欣赏习惯。第二步是刻版。版的材料以杜梨木最佳，其次是梨木、杏木、桃木。每张画必有一块正版，是印线条和轮廓的；副版有若干块，为套色用，其数量视所需颜色而定。第三步是印刷。印刷的材料，早年用江南竹纸，颜料也相当讲究。后来用半毛汰纸，颜料价格也低廉。待印出主线稿后，再分别用不同颜色刻出色版，套色印刷，最后修版装裱，制作完成。

4.武强年画：线条粗犷色泽鲜亮

武强年画是河北省武强县传统民间工艺品之一，构图丰满，线条粗犷，设色鲜亮，装饰夸张，节俗特色浓厚，是民间年画中的佼佼者。武强年画题材广泛，山水、花鸟、人物、动物、花卉、神像、戏曲故事等品类繁多，被誉为"农耕社会的艺术代表"。

（1）渊源：年画是中华民族祈福迎新的一种民间工艺品。历史上，民间对年画有多种称呼：宋代叫"纸画"，明代叫"画贴"，清代叫"画片"，直到清道光年间，文人李光庭在文章中写道："扫舍之后，便贴年画，稚子之戏耳。"年画由此定名。武强年画是土生土长的民间艺术，很难找到准确的历史起源。从博物馆收存的大量民间年画古版和年画资料考证及文化考古成果看，应当始于宋元时期。相传，明永乐年间，山西省洪洞县艺人到此以后，促进了这一艺术形式的发展。起初是民间画家亲笔画，后逐渐发展成刻版印刷，以至全部套版印刷。那时人烟稠密的武强南关，"家家点染，户户丹青"，形成了我国北方最大的木版年画产地之一。武强年画发展到清康熙至嘉庆年间，社会安定，各业繁荣，为年画提供了很好的发展环境。这时，武强年画的生产以县城南关为中心，辐射周围68个村庄，很多农民以年画为副业，多数人农忙务农，农闲印画。武强县城南关形成全国最大的年画集散中心，出现了很多著名的画店，各村小作坊难以数计。至晚清、民国时期，武强年画一直誉满民间，兴旺发达。19世纪末到20世纪初，中国社会发生巨大变化，人们的观念随着时代变革而发生改变。这一时期，天津出现了石印版画，上海出现了胶印月份版年画，给木版年画带来了强烈的冲击。1937年，抗日战争全面爆发，民不聊生，大部分画店倒闭，艺人外逃，画业濒于绝境。中华人民共和国成立后，武强年画的发展得到党和国家的重视。1956年，在社会主义改造期间，武强县手工业联合社把已经组织起来的红星画社、九星画社、光明画组等单位和个体画户联合起来，成立了远大画业合作社。1958年改为武强县画业合作工厂，后简称武强画厂。1993年12月，文化部正式命名武强为全国的"民间木版年画之乡"。2003年，武强年画被确定为中国民族民间文化保护工程试点之一。2006年，武强年画被列入国家级非物质文化遗产名录。

（2）流程：古代的武强年画是纯手工描绘。随着市场的需求和雕版印刷术的兴起，逐渐形成了木版套色年画。其创作一般是集体完成，画师设计样稿，刻版师镌刻画版，印刷师印刷，三道工序相互呼应。武强年画的木板需选用梨木或杜木，刨平后方可使用。将在纸上绘制好的黑白墨线稿粘贴于处理好的木板上，拓出墨线。用刻刀刻出有凹凸的印版，印几种颜色刻几块版。武强年画早期印刷所用的是当地芦苇和麦秸制成的草纸，后来使用熟宣纸。印画用的工具是用树棕绑成的刷子和趟子。颜料在古代都是画师自制，黄色用槐米制作，红色用石榴花制作，蓝色用靛蓝草制作，黑色用松木烟末制作，现在印画已改用国画色和广告色。制作工艺分两部分，第一部分是墨线版：第一道工序，把备好的杜木板和画稿做好标记，然后用糨糊粘牢粘实，待干后，起样子、涂香油、上样子完成；第二道工序，用主刻刀镌刻，刀法有发刀、挑刀、补刀、过刀、披刀；第三道工序，剔空、平空、拨空，完成线版刻制。第二部分是套色版：画师设计的分色（择套）样稿分别粘在备好的杜木板上，操作和墨线与第一部分第一道工序相同；第二道工序是行空，围绕色块轮廓保持一定深度和距离，切断图案与空处的连接；第三道工序是剔空、平空，把所需色块之外的空处剔除，再把行空挤压的现象喷水使其复原，晾干；第四道工序用主刻刀刻除色块或图案边缘的空白处；第五道工序是平空、拨空，套色版完成。然后打样试版，做最后修整，再交付印刷。

第4章　袖珍版画——藏书票

藏书票是一种小小的标志，以艺术的方式，标明藏书是属于谁的，也是书籍的美化装饰，属于小版画或微型版画。藏书票一般是边长5～10厘米见方的版画作品，上面除主图案外，要有藏书者的姓名或别号、斋名等，国际上通行在票上写上"EX—LIBRIS"（拉丁文）。这一行拉丁文字表示"属于私人藏书"。藏书票一般要贴在书的首页或扉页上。

第5章　版画与印刷术

中国的传统木版画伴随着雕版印刷术的出现而产生。笔墨纸的发明也为古代人书写和绘制带来了极大的便利。随着文化传播的需要，古人感到一本一本地抄书和一张一张地绘图之缓慢，为了解决这个问题，古人开动脑筋，进而又进一步解决了木版刻印的工艺，终于可以大量复制了。可见，版画与印刷术可谓是同宗同源。而版画中如果出现文字部分就要像印刷术一样，画稿处的文字需要设计成镜像文字。木刻版画起源于印刷术，但经过演进为版画增添了更多生命力，不仅是复制印刷那般简单，木刻版画的创作可谓是源于生活又高于生活，是来自生活中的形象通过点线面的描绘刻画成有着独特韵味的艺术作品。在创作过程中，线条之美既是刀木之美，也是力量之美，更是创作者们在创作过程中对作品的偶然性的感悟之美。在木刻版画中，我们能体会到神秘的线条带给我们的启迪。正是线条的作用引导我们去发现生活中的美，去观察生活中细微的事物，这就是木刻版画中线条的魅力，这种魅力难以言表，只能细细端详、用心感受。

青花线描与版画的融合探究　第八章

单元二　实操课程

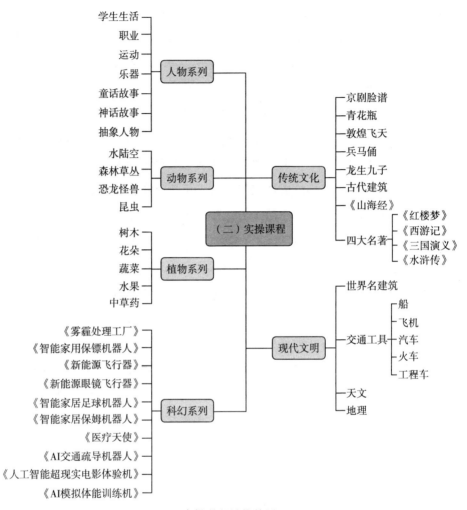

实操课程思维导图

学生生活 —┐
职业 —│
运动 —│
乐器 —┤─ 人物系列
童话故事 —│
神话故事 —│
抽象人物 —┘

水陆空 —┐
森林草丛 —┤─ 动物系列
恐龙怪兽 —│
昆虫 —┘

树木 —┐
花朵 —│
蔬菜 —┤─ 植物系列
水果 —│
中草药 —┘

《雾霾处理工厂》 —┐
《智能家用保镖机器人》 —│
《新能源飞行器》 —│
《新能源眼镜飞行器》 —│
《智能家居足球机器人》 —┤─ 科幻系列
《智能家居保姆机器人》 —│
《医疗天使》 —│
《AI交通疏导机器人》 —│
《人工智能超现实电影体验机》 —│
《AI模拟体能训练机》 —┘

传统文化
京剧脸谱、青花瓶、敦煌飞天、兵马俑、龙生九子、古代建筑、《山海经》、四大名著（《红楼梦》《西游记》《三国演义》《水浒传》）

现代文明
世界名建筑、交通工具（船、飞机、汽车、火车、工程车）、天文、地理

（二）实操课程

第1章　传统文化

此章节包含京剧脸谱、青花瓶、敦煌飞天、兵马俑、龙生九子、古代建筑、《山海经》、四大名著等几节内容。

第2章　现代文明

此章节包含世界名建筑、交通工具、天文、地理等几节内容。

第3章　人物系列

此章节包含学生生活、职业、运动、乐器、故事等几节内容。

第4章 动物系列

此章节包含水陆空、森林草丛、恐龙怪兽、昆虫等几节内容。

第5章 植物系列

此章节包含树木、花朵、蔬菜、水果、中草药等几节内容。

第6章 科幻系列

此章节包含环境保护、智能家居、新能源、人工智能等几节内容。

"版画——花瓶"教学案例

【教学目标】

（1）通过学习花瓶，感悟花瓶的特点，合作创作一幅具有特色花瓶的版画作品。

（2）通过欣赏、探究、归纳总结等了解花瓶版画的特点。

（3）通过学习活动，培养学生对花瓶版画的认识和欣赏能力，引导学生在小组合作中探索交流，培养学生的合作能力和探究意识。

【教学准备】

PPT课件、画稿纸、木刻版、木刻刀、油墨、油滚、宣纸等。

【教学过程】

（1）观察与欣赏花瓶的图片。

花瓶

（2）设计画稿：注意印刷出的画面与版面方向是相反的，要因画面内容而考虑版向的问题。

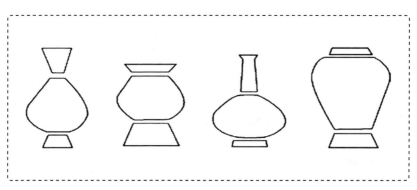

画稿

（3）木刻版画：先以三角刀刻出木板画面上的轮廓边缘线，再交替结合使用圆刀，逐步刻出亮面。注意安全，用刀时左手勿置于刀前。

（4）印制版画：用铲刀盛少许油墨置于玻璃板上，再以油滚来回滚动使油墨均匀地沾于油滚上，以便在版上均匀滚墨。注意，要使版上的所有凸起部位都沾上油墨。

（5）作品欣赏。

版画作品

"版画——脸谱" 教学案例

【教学目标】

（1）了解与学习戏剧人物的有关知识，用版画形式来表现传统戏曲人物。

（2）感受戏曲艺术的魅力，了解戏曲人物的塑造过程和方法。

（3）培养热爱民族大家庭、热爱民族艺术的情感，树立保护、发掘和发展民族艺术的态度与价值观。

【教学准备】

PPT课件、画稿纸、木刻版、木刻刀、油墨、油滚、宣纸等。

【教学过程】

（1）观察与欣赏京剧脸谱的图片。

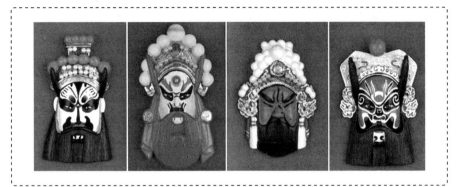

脸谱

（2）设计画稿：注意印刷出的画面与版面方向是相反的，要因画面内容而考虑版向的问题。

画稿

131

（3）木刻版画：先以三角刀刻出木板画面上的轮廓边缘线，再交替结合使用圆刀，逐步刻出亮面。注意安全，用刀时左手勿置于刀前。

（4）印制版画：用铲刀盛少许油墨置于玻璃板上，再以油滚来回滚动使油墨均匀地沾于油滚上，以便在版上均匀滚墨。注意，要使版上的所有凸起部位都沾上油墨。

（5）作品欣赏。

版画作品

老师有话

在小学开展版画教学，不但能让学生在动手实践中领略、弘扬版画文化，感受、传承中华文明，更能让学生在回归刀味与木味朴质的气息中启迪智慧、发散思维、锻炼技能，培养学生的动手实践能力和创新精神，并在无形中培养学生独特的艺术美感。

"版画——建筑"教学案例

【教学目标】

（1）认识建筑的多样性，能用语言简单评述现代建筑的特点，合作创作一幅具有特色的建筑版画作品。

（2）通过欣赏、分析、探讨自主了解建筑的造型特点及艺术特点的优越性。

（3）感受建筑与科技的联系，尊重科学。

【教学准备】

PPT课件、画稿纸、木刻版、木刻刀、油墨、油滚、宣纸等。

【教学过程】

（1）观察与欣赏建筑的图片。

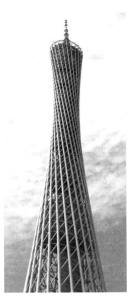

建筑物

（2）设计画稿：注意印刷出的画面与版面方向是相反的，要因画面内容而考虑版向的问题。

133

画稿

（3）木刻版画：先以三角刀刻出木板画面上的轮廓边缘线，再交替结合使用圆刀，逐步刻出亮面。注意安全，用刀时左手勿置于刀前。

（4）印制版画：用铲刀盛少许油墨置于玻璃板上，再以油滚来回滚动使油墨均匀地沾于油滚上，以便在版上均匀滚墨。注意，要使版上的所有凸起部位都沾上油墨。

（5）作品欣赏。

版画作品

木刻版画是一门趣味性、创造性、知识性和时间性极强的科目，学生在实践操作的过程，特别是刀刻与印制过程中，将艺术、历史、自然科学等学科进行了打通。版画的独特性决定了它具有认识功能、教育功能和审美功能。

"版画——中草药"教学案例

【教学目标】

（1）认识中草药的多样性，能用语言简单评述中草药的特点，合作创作一幅具有特色的中草药版画作品。

（2）通过欣赏、分析、探讨自主了解中草药的造型特点。

（3）感受中草药与中医传统的联系，尊重中医传统。

【教学准备】

PPT课件、画稿纸、木刻版、木刻刀、油墨、油滚、宣纸等。

【教学过程】

（1）观察与欣赏中草药的图片。

中草药

青花线描与版画的融合探究

第八章

（2）设计画稿：注意印刷出的画面与版面方向是相反的，要因画面内容
而考虑版向的问题。

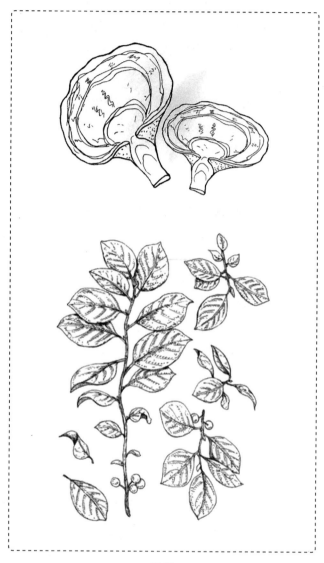

画稿

（3）木刻版画：先以三角刀刻出木板画面上的轮廓边缘线，再交替结合
使用圆刀，逐步刻出亮面。注意安全，用刀时左手勿置于刀前。

（4）印制版画：用铲刀盛少许油墨置于玻璃板上，再以油滚来回滚动使
油墨均匀地沾于油滚上，以便在版上均匀滚墨。注意，要使版上的所有凸起

部位都沾上油墨。

（5）作品欣赏。

版画作品（一）

版画作品（二）

137

老师有话

　　制作版画的过程是学生通过自己的双手将自己的想象变成具体成果的过程，这是学生所学知识的展示，是他们观察力和创造力的展示。尽管他们的作品并不完美，但正是这种不完美培养了学生的动手能力和创造精神。在这一过程中，每一位学生都将终身受益。

"版画——动物"教学案例

【教学目标】

（1）认识动物的多样性，能用语言简单评述动物的特点，合作创作一幅具有特色的动物版画作品。

（2）通过欣赏、分析、探讨自主了解动物的造型特点。

（3）感受动物与人类的联系，尊重大自然。

【教学准备】

PPT课件、画稿纸、木刻版、木刻刀、油墨、油滚、宣纸等。

【教学过程】

（1）观察与欣赏动物的图片。

动物

（2）设计画稿：注意印刷出的画面与版面方向是相反的，要因画面内容而考虑版向的问题。

画稿

青花线描与版画的融合探究

第八章

（3）木刻版画：先以三角刀刻出木板画面上的轮廓边缘线，再交替结合使用圆刀，逐步刻出亮面。注意安全，用刀时左手勿置于刀前。

（4）印制版画：用铲刀盛少许油墨置于玻璃板上，再以油滚来回滚动使油墨均匀地沾于油滚上，以便在版上均匀滚墨。注意，要使版上的所有凸起部位都沾上油墨。

（5）作品欣赏。

版画作品

创新是版画发展的永恒主题和本质内涵。因此，版画教育是对学生进行审美教育、创新教育与师生互动协作进取的动手能力教育，是促进学生全面发展的有效途径与方式。

"版画——科幻"教学案例

【教学目标】

（1）了解生活与科学的联系，学习灵活运用各学科的知识设计探究性版画活动。

（2）认识版画与生活的密切关系，发展综合解决问题的能力。

（3）开阔视野，拓展想象的空间，激发探索未知领域的欲望，体验探究的愉悦与成功感。

【教学准备】

PPT课件、画稿纸、木刻版、木刻刀、油墨、油滚、宣纸等。

【教学过程】

（1）观察与欣赏科幻的图片。

科幻

青花线描与版画的融合探究

第八章

（2）设计画稿：注意印刷出的画面与版面方向是相反的，要因画面内容而考虑版向的问题。

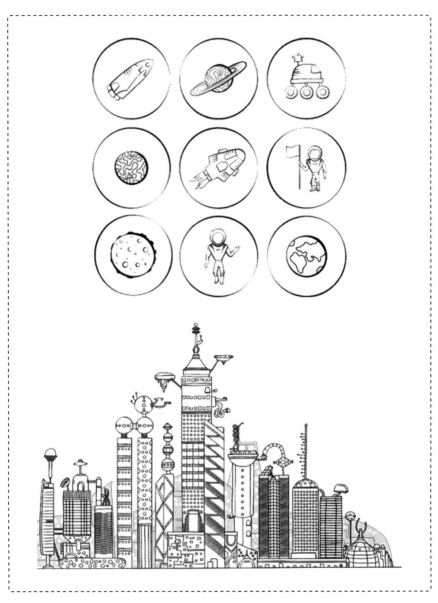

画稿

（3）木刻版画：先以三角刀刻出木板画面上的轮廓边缘线，再交替结合使用圆刀，逐步刻出亮面。注意安全，用刀时左手勿置于刀前。

（4）印制版画：用铲刀盛少许油墨置于玻璃板上，再以油滚来回滚动使油墨均匀地沾于油滚上，以便在版上均匀滚墨。注意，要使版上的所有凸起部位都沾上油墨。

（5）作品欣赏。

版画作品（一）

版画作品（二）

版画作品（三）

老师有话

　　通过巧妙构图，以丰满密集和萧疏简淡等不同风格来衬托表现主题风格。版画具有可视性审美的平面性造型及纯美术的功用。版画有艺术表现过程的间接性、艺术结果的复数、印痕艺术的审美特征。

青花线描与版画的融合探究

后 记

　　线描是所有绘画种类中最明快、简洁表现物象的手法。可以说，线描既是可以表现物象的灵魂，又是传达情感的载体。这也是我多年耕耘在青花线描教学的深刻原因。

　　线是绘画中最基本的要素，它既能表达简单的图形，又能展示复杂的结构，是塑造物体最重要的绘画语言之一。线条作为一种神奇的符号，以直线、曲线、折线为形式，通过起伏、回转、放射等运动方式，可以在画面上产生或刚或柔，或疏或密，或畅快或持重，或平静或跳跃的效果。引导学生学画线描画，不但可以促进他们形象思维和抽象思维的发展，更重要的是在学习过程中提高他们的审美素养，引导他们正确观察事物，善于发现美，大胆表现美，然后将技法形象地、深入浅出地、游戏般地、潜移默化地融会其中。

　　小学阶段是儿童学习儿童线描画的黄金时期。长期以来，在美术课堂教学和兴趣辅导过程中，我有机地渗透了大量的儿童线描画教学题材。通过多年的教学实践，我在线描教学过程中归纳总结了一些心得：教师要重视教学设计策略，通过多元设计培养学生的自信心，激发学生的创造潜能，提高学生的审美能力和综合素养，让线描画成为学生抒发生活中所见、所闻、所想的有效方式。

　　之所以选择青花作为线描课程的重要载体，是因为青花是我们的国粹。现代社会在研究青花传承与创新方面，如设计界对于青花装饰纹样在平面设计、服装设计、动画设计、环境艺术、舞台设计、展示设计等相关领域应用方面的实践和研究较多，以此让传统青花纹样在当代社会得到传承与创新。但这些传统青花纹样在设计中的传承创新大都是对其装饰载体的创新，没有从根源上解决传统青花纹样在现代社会传承创新的问题。而探究融合式青花线描画课程把青花的美深深植入学生的大脑，学生从小接触青花这种既经典又开放的艺术，潜移默化中对中华艺术之美的感悟将伴随他们一生。

时代在前进，青花线描教学的安排同样也面临着适时调整，不仅要训练学生的插画表现技法和创意思维，同时也要与数字技术相结合，紧跟社会的导向，以传统文化为底蕴，融入传统工艺和传统元素，这是未来青花线描教学的方向，是理论与实践、艺术与科学、传统与现代的结合。

后记